中华人民共和国行业推荐性标准

公路沥青路面预防养护技术规范

Technical Specifications for Preventive Maintenance of Highway Asphalt Pavement

JTG/T 5142-01—2021

主编单位：交通运输部公路科学研究院
批准部门：中华人民共和国交通运输部
实施日期：2021 年 12 月 01 日

人民交通出版社股份有限公司
北 京

图书在版编目（CIP）数据

公路沥青路面预防养护技术规范 ：JTG/T 5142-01—2021 / 交通运输部公路科学研究院主编. — 北京 ：人民交通出版社股份有限公司, 2021. 9

ISBN 978-7-114-17578-7

Ⅰ. ①公… Ⅱ. ①交… Ⅲ. ①沥青路面—公路养护—技术规范 Ⅳ. ①U418. 6-65

中国版本图书馆 CIP 数据核字（2021）第 174937 号

标准类型： 中华人民共和国行业推荐性标准
标准名称： 公路沥青路面预防养护技术规范
标准编号： JTG/T 5142-01—2021
主编单位： 交通运输部公路科学研究院
责任编辑： 周佳楠
责任校对： 孙国靖　龙　雪
责任印制： 刘高彤
出版发行： 人民交通出版社股份有限公司
地　　址：（100011）北京市朝阳区安定门外外馆斜街 3 号
网　　址： http://www. ccpcl. com. cn
销售电话：（010） 59757973
总 经 销： 人民交通出版社股份有限公司发行部
经　　销： 各地新华书店
印　　刷： 北京市密东印刷有限公司
开　　本： 880 × 1230　1/16
印　　张： 4. 25
字　　数： 108 千
版　　次： 2021 年 9 月　第 1 版
印　　次： 2024 年 6 月　第 3 次印刷
书　　号： ISBN 978-7-114-17578-7
定　　价： 50. 00 元
（有印刷、装订质量问题的图书，由本公司负责调换）

中华人民共和国交通运输部

公　　告

第 51 号

交通运输部关于发布《公路沥青路面预防养护技术规范》的公告

现发布《公路沥青路面预防养护技术规范》（JTG/T 5142-01—2021），作为公路工程行业推荐性标准，自 2021 年 12 月 1 日起施行。

《公路沥青路面预防养护技术规范》（JTG/T 5142-01—2021）的管理权和解释权归交通运输部，日常解释和管理工作由主编单位交通运输部公路科学研究院负责。

请各有关单位注意在实践中总结经验，及时将发现的问题和修改建议函告交通运输部公路科学研究院（地址：北京海淀区西土城路 8 号，邮政编码：100088），以便修订时研用。

特此公告。

中华人民共和国交通运输部

2021 年 8 月 17 日

交通运输部办公厅　　2021 年 8 月 18 日印发

前　　言

根据交通运输部《关于下达2019年度公路工程行业标准制修订项目计划的通知》（交公路函〔2019〕427号）的要求，由交通运输部公路科学研究院作为主编单位，承担《公路沥青路面预防养护技术规范》（JTG/T 5142-01—2021）（以下简称“本规范”）的制订工作。

针对预防养护已纳入《公路养护工程管理办法》（交公路发〔2018〕33号）的养护工程分类，但我国公路沥青路面预防养护亟待规范和提升的现状，编写单位充分总结吸纳交通运输部及各省（自治区、直辖市）近年来在沥青路面预防养护方面的研究成果和成功经验，通过国内外调研和工程验证，完成了本规范的编制工作。本规范主要从预防养护决策、技术分类、设计、施工、后评估等方面提出了工作流程和技术要求，可有效指导公路沥青路面预防养护技术应用。

本规范共分为13章和2个附录，分别是：1 总则；2 术语和符号；3 基本规定；4 预防养护决策；5 预防养护技术分类；6 预防养护工程设计；7 灌缝和贴缝；8 雾封层；9 碎石封层和纤维封层；10 微表处和稀浆封层；11 薄层罩面和超薄罩面；12 封层罩面；13 预防养护后评估；附录A 养护效益费用分析方法；附录B 微表处混合料养生初期磨耗损失试验。

本规范由徐剑负责起草第1章、第3章及第13章，秦永春、黄颂昌负责起草第2章、第10章及第12章，李强负责起草第4章及附录A，张西斌负责起草第6章，吴赞平负责起草第5章，岳学军负责起草第9章，周绪利、董雨明负责起草第7章及第11章，李彦伟负责起草第8章，王杰负责起草附录B。

请各有关单位在执行中，将发现的问题和意见，函告本规范日常管理组，联系人：徐剑（地址：北京市海淀区西土城路8号，交通运输部公路科学研究院，邮编：100088，电话、传真：010-62079162，电子邮箱：j. xu@ rioh. cn），以便下次修订时参考。

主 编 单 位：交通运输部公路科学研究院

参 编 单 位：中公高科养护科技股份有限公司
北京市交通委员会
江苏交通控股有限公司
山东高速集团有限公司
河北交通投资集团公司
河南省高远公路养护技术有限公司
中交基础设施养护集团有限公司

主　　　编： 徐　剑

主要参编人员： 秦永春　黄颂昌　李　强　周绪利　吴赞平
张西斌　李彦伟　岳学军　董雨明　王　杰

主　　　审： 王松根

参与审查人员： 杨　亮　于　光　李　健　侯　芸　孔祥杰
覃炳贤　蓝日彦　周晓青　冯德成　季　节
熊　亮　陈　景　台电仓　马士杰　杨丽英
于海臣　韩　萍　李　杰　杨彦海　刘　硕

参　加　人　员： 曾　蔚　薛善光　李洪印　潘宗俊　谭志兵
王恩营　王　鹏　张艳鸽　王　飞　王世成

目　次

1　总则

1.0.1　为适应公路养护发展需要，规范公路沥青路面预防养护工作，提高沥青路面预防养护技术水平，制定本规范。

1.0.2　本规范适用于各等级公路沥青路面预防养护。

1.0.3　应贯彻预防为主、防治结合的公路养护方针，积极实施沥青路面预防养护。在满足路面使用性能前提下，应选择安全可靠、经济适用、施工便捷、绿色环保的预防养护技术。

1.0.4　沥青路面预防养护应积极稳妥地采用新技术、新材料、新工艺和新设备，尚无国家或行业标准依据的，规模化应用前应进行试验研究、工程检验和充分论证。

1.0.5　沥青路面预防养护除应符合本规范的规定外，尚应符合国家和行业现行有关标准的规定。

2 术语和符号

2.1 术语

2.1.1 沥青路面预防养护 asphalt pavement preventive maintenance

为防止病害发生或轻微病害扩展、减缓路面使用性能衰减、提升服务功能而预先主动采取的路面养护措施。

条文说明

《公路养护工程管理办法》规定，预防养护是指公路整体性能良好但有轻微病害，为延缓性能过快衰减、延长使用寿命而预先采取的主动防护工程。需要注意的是，使用了预防养护技术的工程并非一定是预防养护工程。与其他路面养护技术对比，路面预防养护技术的基本特征是厚度薄，一般不超过40mm。

2.1.2 灌缝 crack filling or crack sealing

采用专用的密封胶填充或密封沥青路面裂缝的作业，包括不开槽灌缝和开槽灌缝两种工艺。

条文说明

国外的 crack filling 和 crack sealing 是两种不同的工艺，crack filling 指的是不开槽灌缝（也称填缝），crack sealing 指的是开槽灌缝。美国研究认为，非运动型裂缝和由于路面老化等原因不适宜开槽的路段可以采用前者，运动型裂缝一般采用后者。

我国早期多采用不开槽灌缝，使用油壶直接向裂缝中灌注热沥青或乳化沥青，灌缝效果不佳。目前，不开槽和开槽灌缝在我国均有使用，开槽灌缝效果总体要好于不开槽灌缝。

2.1.3 贴缝 crack banding

采用专用的贴缝胶对裂缝进行粘贴密封的作业，包括自粘式和热粘式两种工艺。

条文说明

贴缝通过外力挤压带状材料进行封闭裂缝，是近年来兴起的一种新型裂缝修补工艺，类似于路面裂缝“创可贴”，施工简单、便捷，无须开槽，一般用于非运动型裂缝。

2.1.4 雾封层 fog seal

采用专用高压喷洒设备将雾封材料喷洒在沥青路面上形成的封层。根据是否添加适量碳化硅、石英砂、玄武岩等细集料，雾封层可分为含砂雾封层和不含砂雾封层。

2.1.5 薄层罩面 thin overlays

厚度在25~40mm的沥青混合料罩面。

2.1.6 超薄罩面 ultra-thin overlays

厚度小于25mm的沥青混合料罩面。

条文说明

2.1.5~2.1.6 薄层罩面与超薄罩面是路面预防养护的重要措施。所谓的“薄”和“超薄”都是相对于传统罩面而言的，但到底厚度减薄到多少就是薄层/超薄罩面，国内外并无严格的界定。国内薄层罩面的厚度范围有的规定为20~30mm，也有的规定为25~40mm；超薄罩面上限厚度有的规定为20mm，也有的规定为25mm。本规范与《公路沥青路面养护技术规范》(JTG 5142—2019)保持一致，以25mm作为“薄”和“超薄”的分界厚度。

2.1.7 封层罩面 seal and overlays

在碎石封层上铺设薄层罩面或超薄罩面组合形成的罩面。

条文说明

碎石封层可以起到封水、增强层间黏结的作用，有利于提高薄层罩面的使用寿命。

2.2 符号

ICAL——养生初期磨耗损失值；
ICAT——养生初期磨耗损失试验；
L_e——预防养护预期设计年限；
L_r——预防养护实际使用年限；
RS——预防养护效果达标指数；
UTO——空隙型超薄罩面；
UTOD——密实型超薄罩面。

3 基本规定

3.1 一般要求

3.1.1 应按公路养护科学决策要求，做好沥青路面预防养护规划。

3.1.2 应编制沥青路面预防养护年度计划，综合考虑各方面因素，确定预防养护投资、规模，并对满足预防养护实施条件的路段积极实施预防养护。

3.1.3 沥青路面预防养护应包括公路基本信息收集、路况调查与评价、决策、设计、施工、工程质量控制、后评估等工作内容。

3.1.4 沥青路面预防养护实施后应达到下列效果：

1 封闭路面表面细小裂缝与裂隙，提高路面的防水性能。

2 防止路面表面松散，延缓路面的老化。

3 提供表面磨耗层，提高路面的耐磨性能。

4 保持或提高路面的抗滑性能。

3.1.5 沥青路面预防养护工程应根据设计对原路面局部病害进行处理。局部病害处理应作为预防养护工程的组成部分。

3.1.6 沥青路面预防养护应以机械化施工为主，采取措施减少施工作业对交通的影响，做到安全生产、文明施工、节约资源、保护环境。

3.1.7 宜掌握当地和项目的路面病害特征、路面技术状况及其衰变规律，总结预防养护应用经验，形成预防养护地方标准或技术指南。

3.2 工作流程

3.2.1 应按现行《公路技术状况评定标准》（JTG 5210）的规定，定期进行沥青路面技术状况检测与评价，及时更新路面技术状况数据信息，并进行路面病害成因分析。

3.2.2 应按公路养护管理要求进行路面预防养护科学决策。采取的预防养护技术应能满足路面状况、交通荷载等级、公路技术等级等要求，且应能实现养护目标。

3.2.3 预防养护工程设计阶段，应根据设计需要，在定期沥青路面技术状况检测基础上补充开展有针对性的路况检测、病害探查、材料检测与病害成因分析等。

条文说明

按现行《公路技术状况评定标准》（JTG 5210）定期进行的沥青路面技术状况检测，可以作为预防养护管理和养护初步决策的依据，用于预防养护工程设计时需要深化检查、检测。

3.2.4 沥青路面预防养护工程应加强质量管理，严格施工过程质量控制。

3.2.5 应按现行《公路养护工程质量检验评定标准　第一册　土建工程》（JTG 5220）的规定，进行沥青路面预防养护工程质量的检验评定。

3.2.6 沥青路面预防养护宜进行跟踪观测和后评估，综合评价实施效果，做好技术总结。

条文说明

预防养护后评估对于积累预防养护工程经验、提高预防养护科学性具有积极作用，要创造条件开展后评估工作。

3.2.7 沥青路面预防养护应按图3.2.7的工作流程进行。

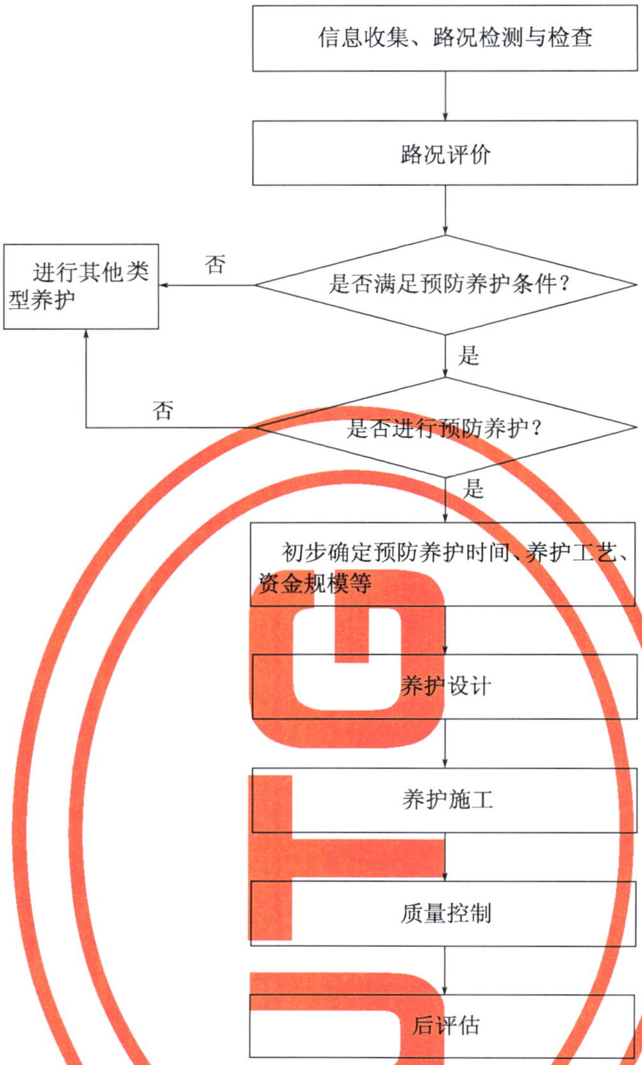

图 3.2.7　沥青路面预防养护工作流程图

4 预防养护决策

4.1 一般规定

4.1.1 应根据路况检测数据与检查情况、养护资金、养护目标等，进行科学的预防养护决策。

条文说明

科学的养护决策是保证养护有效性和养护经济性的前提，也是养护工程设计的重要依据，非常关键。养护决策一般由公路养护管理部门或公路运营企业作出，或由其委托的咨询机构完成。

4.1.2 预防养护技术选择应遵循下列原则：

1 应根据养护目的和病害特征等，选择有针对性的技术。

2 应优先选用经过本地工程实践验证、应用经验丰富且实施效果好的技术。

3 用于城镇过境段、净高受限路段、隧道等特殊路段时，应确认技术适用性。

4 多种预防养护技术同时适用且缺少经验无法判断优劣时，应进行技术经济性比选。

4.1.3 路基路面排水系统不完善的路段，预防养护应与完善路基路面排水系统同步实施。

4.1.4 预防养护的实施宜避开多雨、低温等不适合施工的季节。

4.2 预防养护时机

4.2.1 沥青路面预防养护时机选取应基于路面技术状况、养护资金规模等现实情况，同时应考虑公路技术等级、使用年限、交通量大小及组成、气候条件等影响因素，可采用路况触发法和时间触发法确定预防养护时机。

条文说明

确定适宜的预防养护时机，是影响预防养护经济性和有效性的关键，是路面预防养护需要解决的重要问题。预防养护实施不及时，就不是真正意义上的预防养护，会导致预防养护效果不佳、使用寿命过短等问题。

4.2.2 采用路况触发法确定预防养护时机时，宜以1 000m为评价单元对路面技术状况进行评价，评价方法应符合现行《公路沥青路面养护设计规范》（JTG 5421）的规定。

4.2.3 采用时间触发法确定预防养护时机时，当路面自新建、改扩建或上次大中修类修复养护后的运营时间符合表4.2.3的规定时，宜结合路面技术状况选择适用技术实施预防养护。

表4.2.3 预防养护的实施时间与适用技术

预防养护技术	雾封层	碎石封层、纤维封层	稀浆封层	微表处	复合封层	薄层罩面	超薄罩面	封层罩面	就地热再生
实施时间（年）	2~3	3~5	3~5	3~5	3~5	3~5	3~5	4~6	4~6

注：交通荷载等级高时宜靠下限取值，交通荷载等级低时宜靠上限取值。

条文说明

4.2.2~4.2.3 时间触发法与路况触发法尽管都可以用来确定预防养护时机，但是路况触发法确定预防养护时机更为科学、准确，是优先选择。由于路面品质、服役条件、技术状况衰变规律等方面的差异，即便是采用时间触发法，也要结合路面实际技术状况进行预防养护时机选择，以免作出不当决策。

4.3 病害分析

4.3.1 应通过病害分析确定病害类型、病害发展层位及其产生原因，以及路面是否适合进行预防养护。

4.3.2 病害分析应基于建设情况、养护历史、交通量及荷载情况、路况特点和专项调查结果，并结合经验，综合判断。

条文说明

沥青路面的病害成因比较复杂，实际工程中要具体情况具体分析。常见的病害成因见表4-1。

表 4-1　沥青路面常见病害成因

路面主要病害类型		常见的病害成因
裂缝类	龟裂	1. 沥青老化或沥青标号过低； 2. 沥青混合料抗剪强度不足； 3. 路基路面结构强度不足； 4. 施工压实不足； 5. 荷载疲劳
	块状裂缝	1. 横向裂缝与纵向裂缝发展交织； 2. 路面基层的块状开裂产生的反射裂缝； 3. 温度疲劳以及沥青老化； 4. 沥青品质不佳或等级不适宜
	纵向裂缝	1. 路面结构强度不足； 2. 地基不良、路基不均匀沉降； 3. 基层反射裂缝； 4. 相对方向交通荷载显著不平衡； 5. 施工原因
	横向裂缝	1. 温度缩裂； 2. 基层开裂反射； 3. 温度或荷载疲劳
变形类	车辙	1. 结构性车辙，路基路面结构强度不足引起结构层永久性变形； 2. 失稳性车辙，沥青材料层在高温和交通荷载作用下产生塑性流动； 3. 施工性车辙，施工期压实不足，行车作用下产生二次压密
	沉陷、波浪、拥包	1. 沥青材料层抗剪强度不足； 2. 沥青层与下承层黏结强度不足； 3. 路基冻胀或路基局部结构强度不足
表面损坏类	坑槽	1. 沥青面层龟裂、松散病害发展而成； 2. 路面水损坏
	松散	1. 沥青老化或沥青品质不佳，矿料级配不良或集料品质不佳，沥青与石料黏附性差； 2. 基层强度不足； 3. 压实不足、混合料离析等施工原因
	泛油	1. 沥青混合料中沥青用量偏多； 2. 沥青稠度偏低

4.4　对策选择

4.4.1　预防养护技术适用的公路技术等级和交通荷载等级应符合表 4.4.1 的规定。

表 4.4.1　预防养护技术适用的公路技术等级和交通荷载等级

场合		预防养护技术								
		雾封层[a]	碎石封层、纤维封层	稀浆封层	微表处	复合封层[b]	薄层罩面	超薄罩面	封层罩面	就地热再生
公路技术等级	高速公路	√	×	×	√	√	√	√	√	√
	一级公路	√	×	×	√	√	√	√	√	√
	二级公路	√	√	√	√	√	√	△	√	√
	三级公路	√	√	√	△	√	√	△	√	×
	四级公路	√	√	√	△	√	√	△	√	×
交通荷载等级	极重	△	△	×	√	√	√	√	√	√
	特重	△	△	×	√	√	√	√	√	√
	重	△	△	△	√	√	√	√	√	√
	中	√	√	√	√	√	√	√	√	√
	轻	√	√	√	√	√	√	√	√	√

注：√——适用，△——可用，×——不适用。

[a]不含砂雾封层不适用于高速公路和一级公路。

[b]复合封层中，碎石封层或纤维封层加铺微表处适用于二级及二级以上公路，适用于各交通荷载等级情况；碎石封层加铺稀浆封层适用于二级及二级以下公路，适用于重及重以下交通荷载等级情况。

4.4.2　根据路面功能状况，预防养护技术宜按表 4.4.2 进行选择。

表 4.4.2　预防养护技术适用的路面功能状况

路面功能状况	预防养护技术								
	雾封层	碎石封层、纤维封层	稀浆封层	微表处	复合封层	薄层罩面	超薄罩面	封层罩面	就地热再生
抗滑损失	×	√	√	√	√	√	√	√	√
路面渗水	√	√	√	√	√	√	√	√	△
路面磨耗	×	√	√	√	√	√	√	√	√
沥青老化	√	√	√	√	√	△	△	△	√
路面不平整	×	×	×	×	×	△	×	△	△

注：√——适用，△——可用，×——不适用。

4.4.3　预防养护前，应按表 4.4.3 的规定对不同类型和不同严重程度的路面病害进行预处理。

表 4.4.3 预防养护前的病害预处理

路面主要病害类型		病害程度	预防养护技术								
			雾封层	碎石封层、纤维封层	稀浆封层	微表处	复合封层	薄层罩面	超薄罩面	封层罩面	就地热再生
裂缝类	龟裂	轻	√	√	△	√	√	√	△	√	√
		中	△	×	×	×	×	×	×	×	√
		重	×	×	×	×	×	×	×	×	×
	块状裂缝	轻	√	√	△	√	√	√	△	√	√
		重	×	×	×	×	×	√	×	√	△
	纵向裂缝	轻	√	√	√	√	√	√	√	√	√
		重	×	×	×	×	×	×	×	×	△
	横向裂缝	轻	√	√	√	√	√	√	√	√	√
		重	×	×	×	×	×	×	×	×	△
变形类	车辙	轻	×	×	×	√	×	√	△	√	√
		重	×	×	×	△	×	×	×	×	△
	沉陷、波浪、拥包	轻	×	×	×	△	×	√	△	√	△
		重	×	×	×	×	×	×	×	×	×
表面损坏类	坑槽	轻	×	×	×	×	×	×	×	×	√
		重	×	×	×	×	×	×	×	×	×
	松散	轻	√	√	△	△	√	×	×	×	√
		重	×	×	×	×	×	×	×	×	×
	泛油	轻	×	△	√	√	△	√	√	√	×
		重	×	△	√	√	△	√	√	√	×

注：√——免预处理，△——可预处理，×——需预处理。

4.4.4 当有多个预防养护技术可供选择时，可按本规范附录 A 进行养护效益费用比较，从中选择出效益费用最佳的预防养护对策。

5 预防养护技术分类

5.1 一般规定

5.1.1 沥青路面预防养护技术可分为封层、罩面、就地热再生等不同类型。

5.1.2 应积极开展预防养护技术的材料创新、设备创新、工艺创新，不断提高其技术性能、施工效率及经济性，减少养护施工对交通的影响。

条文说明

近年来，我国沥青路面预防养护技术不断创新，新技术不断涌现。例如，在碎石封层基础上增加一层纤维和改性乳化沥青组成的纤维封层，由碎石封层或纤维封层加微表处、碎石封层加稀浆封层组合而成的复合封层，使用专用施工设备依次将层间界面剂、乳化高黏沥青、集料、第二遍乳化高黏沥青、表面保护剂等材料多层同步洒（撒）布施工至原路面的超表处等。尽管新技术不一而足，但一般都是在本规范规定的技术基础上的材料改良、工艺改进或者不同技术组合，为预防养护提供了更多技术选择。

5.1.3 应根据养护工程定额确定各种预防养护技术的工程造价，无定额的应根据当地实际情况确定。

5.1.4 复合封层所用的碎石封层和纤维封层、微表处和稀浆封层应分别符合本规范第 9 章、第 10 章的规定。

5.1.5 就地热再生应符合现行《公路沥青路面再生技术规范》（JTG/T 5521）的有关规定。

5.1.6 各类预防养护技术实施的其他要求应符合现行《公路沥青路面养护技术规范》（JTG 5142）的有关规定。

5.2 封层类

5.2.1 封层类技术可包括雾封层、碎石封层、纤维封层、稀浆封层、微表处、复合封层等。

5.2.2 雾封层用于高速公路、一级公路时，应采用含砂雾封层。雾封层适用性宜符合下列规定：

1 可用于需改善轻度松散麻面、路面渗水、沥青老化的沥青路面。

2 可用于各等级公路；适用于中、轻交通荷载等级公路。

3 路况水平宜符合表5.2.2的规定。

表5.2.2 雾封层适用的各等级公路路况水平

路况指数	高速公路	一级及二级公路	三级及四级公路
PCI、RQI、RDI	≥93	≥90	≥85
SRI	≥80	≥80	—

5.2.3 碎石封层和纤维封层适用性宜符合下列规定：

1 可用于需改善抗滑、路面渗水等使用性能的沥青路面。

2 可用于二级及二级以下公路；可用于各交通荷载等级公路。

3 路况水平宜符合表5.2.3的规定。

表5.2.3 碎石封层和纤维封层适用的各等级公路路况水平

路况指数	二级公路	三级及四级公路
PCI、RQI、RDI	≥82	≥80

5.2.4 稀浆封层适用性宜符合下列规定：

1 可用于需改善路面渗水等使用性能的沥青路面。

2 可用于二级及二级以下公路；宜用于中、轻交通荷载等级公路。

3 路况水平宜符合表5.2.4的规定。

表5.2.4 稀浆封层适用的各等级公路路况水平

路况指数	二级公路	三级及四级公路
PCI、RQI、RDI	≥85	≥80

5.2.5 微表处适用性宜符合下列规定：

1 可用于需改善路面渗水、抗滑等使用性能的沥青路面。

2 适用于二级及二级以上公路，可用于三级及四级公路；可用于各交通荷载等级公路。

3 路况水平宜符合表5.2.5的规定。

表5.2.5 微表处适用的各等级公路路况水平

路况指数	高速公路	一级及二级公路	三级及四级公路
PCI、RQI	≥90	≥85	≥80
RDI[a]	≥90	—	—

注：[a]当60≤RDI<90时，应采用微表处车辙填充后再进行微表处封层。

5.2.6 复合封层适用性宜符合下列规定：

1 可用于需改善路面渗水、抗滑等使用性能的沥青路面。

2 碎石封层或纤维封层加铺微表处可用于二级及二级以上公路，适用于各交通荷载等级公路；碎石封层加铺稀浆封层可用于二级及二级以下公路，适用于重及以下交通荷载等级公路。

3 路况水平宜符合表 5.2.6 的规定。

表 5.2.6 复合封层适用的各等级公路路况水平

路况指数	高速公路	一级及二级公路	三级及四级公路
PCI、RQI、RDI	≥85	≥80	≥75

5.3 罩面类

5.3.1 罩面类技术可包括薄层罩面、超薄罩面、封层罩面。

5.3.2 薄层罩面、超薄罩面适用性宜符合下列规定：

1 可用于需要预防或修复部分病害、改善抗滑等使用性能的沥青路面。

2 可用于各等级公路；可用于各交通荷载等级公路。

3 路况水平宜符合表 5.3.2 的规定。

表 5.3.2 薄层罩面和超薄罩面适用的各等级公路路况水平

路况指数	高速公路		一级及二级公路		三级及四级公路	
	薄层罩面	超薄罩面	薄层罩面	超薄罩面	薄层罩面	超薄罩面
PCI、RQI	≥85	≥88	≥80	≥83	≥80	≥80
RDI	≥80	≥85	≥80[a]	≥80[a]	—	—

注：[a]适用于一级公路。

5.3.3 封层罩面适用性宜符合下列规定：

1 可用于需要预防或修复部分病害、改善抗滑、路面渗水等使用性能的沥青路面。

2 可用于各等级公路；可用于各交通荷载等级公路。

3 路况水平宜符合表 5.3.3 的规定。

表 5.3.3 封层罩面适用的各等级公路路况水平

路况指数	高速公路	一级及二级公路	三级及四级公路
PCI、RQI	≥83	≥80	≥80
RDI	≥80	≥80[a]	—

注：[a]适用于一级公路。

5.4 就地热再生类

5.4.1 就地热再生类技术可包括复拌再生、加铺再生等。

5.4.2 就地热再生适用性宜符合下列规定：

1 可用于需要预防或修复部分病害、恢复表面功能的沥青路面。

2 可用于二级及二级以上公路；可用于各交通荷载等级公路。

3 路况水平宜符合表 5.4.2 的规定。

表 5.4.2 就地热再生适用的各等级公路路况水平

<table>
<tr><th colspan="2">路况指数或指标</th><th>高 速 公 路</th><th>一级及二级公路</th></tr>
<tr><td colspan="2">PCI、RQI</td><td>≥85</td><td>≥80</td></tr>
<tr><td colspan="2">RDI</td><td>≥75</td><td>≥70</td></tr>
<tr><td colspan="2">原路面沥青层厚度（mm）</td><td colspan="2">≥（再生深度+30）</td></tr>
<tr><td rowspan="2">再生深度范围内沥青混合料</td><td>沥青 25℃针入度（0.1mm）</td><td colspan="2">≥20</td></tr>
<tr><td>沥青含量（%）</td><td colspan="2">≥3.8</td></tr>
<tr><td colspan="2">路面病害波及范围</td><td colspan="2">主要集中在再生深度范围内</td></tr>
</table>

6 预防养护工程设计

6.1 一般规定

6.1.1 沥青路面预防养护工程设计应包括调查与检测评价、技术设计、材料组成设计、交通组织设计等内容。

6.1.2 预防养护工程设计应符合现行《公路沥青路面养护设计规范》（JTG 5421）的有关规定，遵循分段设计、分类处理的原则，以设计单元为单位进行设计。

6.1.3 应根据需要对路面技术状况进行详细的调查和检测，对路面病害成因进行准确判断和分析。

6.1.4 预防养护工程宜采用一阶段施工图设计。应实行动态设计。当路面技术状况、材料情况等与设计阶段相比发生重大变化时，应及时变更设计。

6.1.5 预防养护涉及的交通组织设计应符合现行《公路沥青路面养护设计规范》（JTG 5421）的有关规定。

6.2 调查与检测评价

6.2.1 路面调查应包括基础资料调查、养护历史调查、路面技术状况检测、专项数据检测及施工图设计相关资料调查等内容。

6.2.2 预防养护工程设计时应采用检测时间不超过6个月的路面技术状况检测数据，超出的应按现行《公路技术状况评定标准》（JTG 5210）的相关规定重新检测。

6.2.3 宜以1 000m为评价单元对路面技术状况进行评价。高速公路可分车道进行调查和评价。

6.2.4 针对主要病害为裂缝的路段，应对其裂缝发展层位、发展形态、影响面积等进行专项调查，分析裂缝产生原因，确定出现的裂缝病害是否适用灌缝、贴缝等技术。

6.2.5 针对主要病害为车辙的路段，应进行调查，分析车辙产生的原因，确定出现的车辙病害是否适用预防养护技术。

6.2.6 针对主要病害为唧浆、坑槽等水损坏的路段，应对面层材料品质和空隙率、基层开裂情况、路基路面排水系统等进行专项调查，判断路面渗水情况。

条文说明

病害较为集中的路段，必要时要钻芯取芯或开挖探坑，以判断病害所处的层次以及损坏程度。

6.2.7 针对磨光、泛油等抗滑性能不良的路段，应对其油石比、路表面纹理特征及表面层集料性能进行专项调查，判断引起路面抗滑性能不良的原因。

6.2.8 应根据调查评价情况划分路面预防养护设计单元。设计单元应由性质相似的评价单元合并而成，并应考虑养护施工最小长度、交通组织等要求。

6.2.9 调查与评价的其他要求应符合现行《公路沥青路面养护设计规范》（JTG 5421）的有关规定。

6.3 技术设计

6.3.1 在预防养护决策病害分析基础上，应根据本规范第6.2节的调查和检测数据，按本规范第4.3节的规定进行面向预防养护设计的病害分析，为技术设计提供依据。

6.3.2 技术设计应以设计单元为单位，可按图6.3.2所示的流程进行。

6.3.3 技术设计应考虑下列主要因素：

1 路面技术状况；
2 路面病害类型、严重程度及成因；
3 公路技术等级、交通量及交通荷载等级；
4 养护标准和养护目标；
5 各种预防养护技术的特点；
6 当地工程经验、符合规范要求的原材料及技术的可行性；
7 养护资金情况；
8 其他因素。

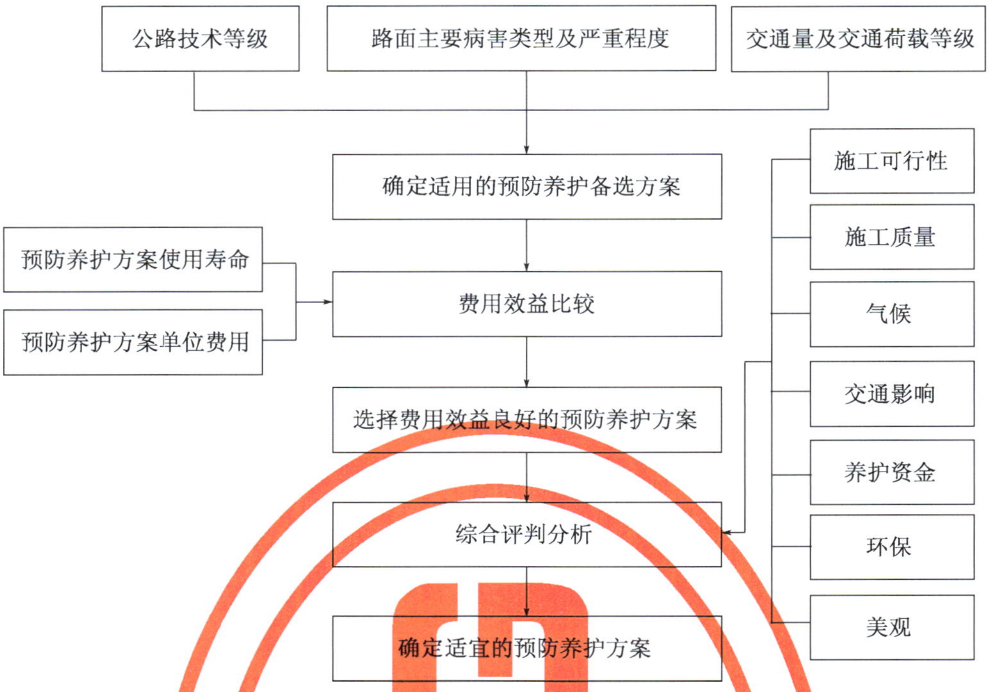

图 6.3.2　预防养护技术设计流程

6.3.4　应统筹考虑技术、环境、经济、交通等因素进行方案综合比选，并应符合下列规定：

1　技术因素应主要考虑技术有效性、技术成熟度、施工难易度、施工资源可获得性等。

2　环境因素应主要考虑资源节约、能源节约、噪声污染、空气污染、水污染等。

3　经济因素应主要考虑工程造价、使用寿命等。

4　交通因素应主要考虑施工效率与工期、封闭交通时间、交通组织方式等。

6.3.5　可按本规范附录 A 进行不同预防养护方案的效益费用分析。

6.4　材料组成设计

6.4.1　应根据工程特点、材料供应情况、养护方案等，在相关规范基础上提出养护工程的材料质量要求。

6.4.2　应根据沿线料场分布和材料性能检测结果，结合当地工程应用经验，合理选择材料。

6.4.3　应采用工程实际选用材料，按现行《公路沥青路面设计规范》（JTG D50）等相关规范的要求进行材料配合比和混合料设计。

6.4.4 应按现行《公路沥青路面施工技术规范》(JTG F40)、《公路沥青路面再生技术规范》(JTG/T 5521)等的有关规定，明确材料或混合料的施工工艺要求。

6.5 施工图设计文件编制

6.5.1 应根据施工图设计成果，编制预防养护工程施工图设计文件。

6.5.2 根据工程情况和具体措施，预防养护施工图设计文件应包括下列全部或部分内容：

1 总体设计说明；
2 养护目标与设计年限；
3 原路面技术状况、病害情况及成因；
4 原路面局部病害处治方案；
5 技术方案；
6 养护施工工艺；
7 材料组成设计；
8 路基、排水、标志标线、交通安全等其他设施维修改造方案；
9 交通组织方案和应急预案；
10 工程数量；
11 施工图预算；
12 效益费用分析。

7 灌缝和贴缝

7.1 一般规定

7.1.1 灌缝用密封胶、贴缝用贴缝胶的性能应满足设计和相关规范要求。

7.1.2 灌缝和贴缝前应将施工部位清理干净，保证裂缝及周边干燥、清洁，避免黏结失效。开槽施工时槽壁不应有松散、啃边。

7.1.3 路面横向裂缝宜采用开槽灌缝，路面纵向裂缝宜采用贴缝。

7.1.4 灌缝、贴缝宜在气温5℃以上施工，不得在雨天施工。

7.1.5 本规范未作规定的，应按现行《公路沥青路面养护技术规范》（JTG 5142）的有关规定执行。

7.2 材料

7.2.1 开槽灌缝应采用加热型密封胶，不开槽灌缝可使用加热型密封胶或常温型有机硅密封胶；贴缝宜采用热粘式贴缝胶，可使用自粘式贴缝胶。

7.2.2 加热型密封胶可分为高温型、普通型、低温型、寒冷型和严寒型五类，分别适用于最低气温不低于0℃、-10℃、-20℃、-30℃和-40℃的地区。其性能应满足表7.2.2的要求。

表7.2.2 加热型密封胶技术要求

项　目	高温型	普通型	低温型	寒冷型	严寒型
锥入度（0.1mm）	≤70	50~90	70~110	90~150	120~180
软化点（℃）	≥90	≥80	≥80	≥80	≥70
流动值（mm）	≤3	≤5	≤5	≤5	—
弹性恢复率（%）	30~70	30~70	30~70	30~70	30~70
低温拉伸[a]	0℃，25%，3次循环，通过	-10℃，50%，3次循环，通过	-20℃，100%，3次循环，通过	-30℃，150%，3次循环，通过	-40℃，200%，3次循环，通过

注：试验方法见现行《路面加热型密封胶》（JT/T 740）。

[a]25%、50%、100%、150%和200%的拉伸量分别为3.75mm、7.5mm、15mm、22.5mm和30mm。

7.2.3 常温型有机硅密封胶性能应满足表7.2.3的要求。

表7.2.3 常温型有机硅密封胶技术要求

项目		高温型	普通型	低温型	寒冷型	严寒型
表干时间（h）		≤3				
固化时间（d）		≤21				
流平性		自流平				
低温拉伸	最大拉伸量	0℃，≥100%	-10℃，≥200%	-20℃，≥300%	-30℃，≥400%	-40℃，≥600%
	拉伸强度（MPa）	≤0.4				
	浸水老化后最大拉伸量保持率（%）	≥85				
	定伸黏结性	50%，放置1d，通过	100%，放置1d，通过	150%，放置1d，通过	200%，放置1d，通过	300%，放置1d，通过

注：试验方法见现行《沥青路面有机硅密封胶》（JT/T 970）。

7.2.4 贴缝胶宽度、厚度、聚合物改性沥青物理性能指标、路用性能指标应满足表7.2.4-1～表7.2.4-4的要求。

表7.2.4-1 贴缝胶宽度要求

项目	技术要求			
规格（公称宽度）（cm）	3	4	6	定制
平均值偏差（cm）	±0.2	±0.2	±0.2	±0.2
最小单值（cm）	2.7	3.7	5.7	定制公称宽度-0.3

表7.2.4-2 贴缝胶厚度要求

项目	技术要求		
规格（公称宽度）（mm）	2	3	4
平均值（mm）	≥2.0	≥3.0	4.0～4.5
最小单值（mm）	≥1.7	≥2.7	≥3.7

表7.2.4-3 贴缝胶用聚合物改性沥青物理性能指标要求

项目	技术要求
锥入度（0.1mm）	≥30
软化点（℃）	≥75

表 7.2.4-4 贴缝胶路用性能指标要求

项　　目	技术要求
转弯翘曲率（%）	≤50
碾压后的厚度（mm）	≤2.7
黏结强度（MPa）	≥0.2
-10℃低温柔性	ϕ30mm，无裂纹
-20℃低温柔性	ϕ30mm，无裂纹
低温拉伸量（mm）	≥5

注：试验方法见现行《路面裂缝贴缝胶》（JT/T 969），普通型、低温型、寒冷型、严寒型贴缝胶低温拉伸量试验的试验温度分别为-10℃、-20℃、-30℃、-40℃。

7.3 施工准备

7.3.1 施工装备应满足下列要求：

1 灌缝应配备具有路面开槽（开槽灌缝时）、清理、加热（使用加热型密封胶时）、熨平等功能的施工机具。

2 采用热粘式贴缝胶贴缝时，应配备加热工具。

7.3.2 施工前应备齐所用材料，加热型密封胶应加热或保温至规定的施工温度。

7.3.3 施工前应做好交通组织、施工安全、施工人员安排等准备工作。

7.4 施工工艺

7.4.1 灌缝施工应满足下列要求：

1 开槽灌缝时，应沿裂缝开槽，开槽深度和开槽宽度应适宜或满足设计要求。

2 裂缝中的灰尘和杂物应清理干净。

3 采用加热型密封胶时，应对裂缝及其周边路面进行加热；采用常温型密封胶时，可只作路面干燥要求。

4 应将密封胶灌入到裂缝或所开槽内。

5 熨平溢出的材料，应进行必要的防黏轮处理。

7.4.2 贴缝施工应满足下列要求：

1 裂缝中的灰尘和杂物应清理干净。

2　采用热粘式贴缝胶时，贴缝前应对裂缝及其周边路面进行加热；采用自粘式贴缝胶时，贴缝前可只作路面干燥要求。

3　采用热粘式贴缝胶时，应在对路面和贴缝胶交接部位加热的同时将贴缝胶沿着裂缝粘贴到路面上并按压紧密。采用自粘式贴缝胶时，应将贴缝胶沿着裂缝粘贴到路面上并按压紧密。

4　可在贴缝胶上进行撒砂等防黏轮处理。

7.4.3　灌缝、贴缝后应进行必要养生，不得出现因过早开放交通导致的养护失效。

7.5　施工质量控制

7.5.1　灌缝、贴缝施工过程的材料质量控制要求应符合表 7.5.1 的规定。

表 7.5.1　灌缝、贴缝施工过程材料质量控制要求

材　　料	检 查 项 目	检 验 频 率	质 量 要 求
加热型密封胶	表 7.2.2 要求的检测项目	每批来料 1 次	符合设计要求或本规范要求
常温型密封胶	表 7.2.3 要求的检测项目		
贴缝胶	表 7.2.4-1 ~ 表 7.2.4-4 要求的检测项目		

7.5.2　灌缝施工过程质量控制要求应符合表 7.5.2 的规定。

表 7.5.2　灌缝施工过程质量控制要求

检 查 项 目		检 验 频 率	质量要求或允许偏差	检 验 方 法
外观		随时	缝槽灌缝充分饱满、黏结紧密，密封胶边缘齐顺、表面平整，无颗粒状胶粒；贴缝胶边缘整齐、表面平整	目测
开槽尺寸（mm）	深度	每 5 条缝抽量 1 处（施工时检测），每处裂缝测 3 点取平均值	±1 或符合设计要求	游标卡尺或钢尺测量
	宽度		±1 或符合设计要求	
灌缝材料与路面高差（mm）		每 5 条缝抽量 1 处，每处裂缝测 3 点取平均值	±1 或符合设计要求	游标卡尺或钢尺测量

注：不开槽灌缝时，开槽尺寸指标不适用。

7.5.3　贴缝施工过程质量控制要求应符合表 7.5.3 的规定。

表 7.5.3 贴缝施工过程质量控制要求

检查项目	检验频率	质量要求或允许偏差	检验方法
外观	随时	贴缝胶边缘整齐、表面平整；与裂缝吻合，无明显偏离；贴缝胶与路面黏结牢固，无脱开现象	目测
与路面高差（mm）	每5条裂缝抽查1处，每处裂缝测3点取平均值	3	游标卡尺或钢尺测量

8 雾封层

8.1 一般规定

8.1.1 雾封层应根据原路面情况选择乳化沥青类或还原剂类材料，使用还原剂的雾封层可称为还原剂封层。

条文说明

还原剂类材料主要由饱和芳香烃类物质组成，能改善老化沥青性能。乳化沥青类雾封层材料主要由乳化沥青、改性剂、添加剂以及细集料等组成；根据情况可以事先将乳化沥青、改性剂及添加剂混合到一起，形成乳化沥青混合物。

8.1.2 雾封层施工后的抗滑性能应满足设计要求，不得出现抗滑性能不足的情况。

8.1.3 雾封层施工环境温度应高于10℃，宜高于15℃，风速宜小于5m/s；雾封层材料养生完成前可能有降水时，不得施工。

8.1.4 雾封层采用油基材料时，应在路表干燥状态下施工；雾封层采用水基材料时，路表可潮湿但不得有积水。

8.2 材料

8.2.1 不含砂雾封层用乳化沥青性能应满足现行《公路沥青路面施工技术规范》（JTG F40）的要求；喷洒前需稀释的，材料在喷洒过程中应能保持性能稳定。

8.2.2 含砂雾封层用乳化沥青类材料性能应满足现行《沥青路面雾封层材料　乳化沥青类薄浆封层》（JT/T 1330）的要求。

8.2.3 还原剂类雾封层材料性能应满足现行《沥青路面雾封层材料　还原剂类雾封层材料》（JT/T 1264）的要求。

8.2.4 含砂雾封层用细集料技术要求应符合表8.2.4的规定。

表8.2.4 含砂雾封层用细集料技术要求

项目		技术要求	试验方法
表观相对密度		≥2.5	T 0328
吸水率（%）		≤2	T 0330
砂当量（%）		≥85	T 0334
通过下列筛孔（mm）的质量百分率[a]（%）	2.36	100	T 0327
	1.18	90～100	
	0.3	5～70	
	0.075	0～5	

注：[a]筛孔尺寸对应的标准目数：2.36mm对应8目，1.18mm对应16目，0.3mm对应50目，0.075mm对应200目。

8.3 施工准备

8.3.1 应配备满足施工工艺要求的雾封层专用喷洒车；小面积施工时可使用小型手持式喷洒机具，还应配备必要辅助机具等。

8.3.2 各类施工设备和机具应运转正常。雾封层喷洒车喷洒管高度应适宜，喷嘴与洒油喷洒管夹角应调整至适宜位置，喷嘴应无堵塞，喷洒压力应正常，洒布时宜有2个或3个喷嘴喷洒的材料同时覆盖同一点。

8.3.3 施工前应对喷洒设备的计量系统进行标定。雾封层喷洒车喷洒率标定可按下列步骤进行：

1 准备不少于3块形状规则的油毛毡或塑料布等，测得其面积 S 和质量 M_1。

2 将油毛毡或塑料布平铺到路面上，启动雾封层喷洒车，按设定速度和喷洒量驶过。

3 称取油毛毡或塑料布与其上材料的总质量 M_2。

4 按式（8.3.3）计算喷洒率 S_r：

$$S_r = \frac{M_2 - M_1}{S} \tag{8.3.3}$$

5 计算喷洒率的平均值作为测试结果。

8.3.4 雾封层材料的喷洒率，应根据原路面技术状况、表面致密程度、粗糙度、路面渗水、松散麻面情况，在设计基础上作出合理调整。可按下列方法确定：

1 将 1L 雾封层材料均匀倾倒在 $1m^2$ 路面上，如胶结料没有完全被表面吸收，可适当减少胶结料的用量。

2 在另外的 $1m^2$ 路面上继续试验，重复本规范第 8.3.3 条的步骤，直到胶结料完全被表面吸收时，其计算结果为适宜的喷洒率。

8.3.5 雾封层材料应均匀、稳定，无结块或沉淀、离析现象，必要时应搅拌。

8.3.6 原路面局部病害应按设计完成处治。

8.3.7 施工前路面应清洁、干燥，无杂物、污染、积水。公路人工构造物、路缘石、标线等外露部分应作防污染遮盖。

8.3.8 施工前应做好交通组织、施工安全、施工人员安排等准备工作。

8.3.9 雾封层施工应铺设试验段，长度不宜小于 200m。可根据试验段情况对设计喷洒率作适当调节，并确定施工工艺工序。

8.4 施工工艺

8.4.1 应采用雾封层专用喷洒车或专用喷涂工具，按设定的喷洒率喷洒或喷涂雾封层材料。

8.4.2 应保证施工起点和终点位置的喷洒边缘整齐，宜在起点和终点位置预铺油毛毡。

8.4.3 如出现条纹状洒布或材料泄漏情况时，应立刻停止施工进行检查。

8.4.4 应根据材料的品种和气候条件确定雾封层的养生时间，干燥成型后方可开放交通。

8.5 施工质量控制

8.5.1 雾封层材料应以同一来源、同一次购入且储入同一储罐的同一规格的材料为一“批”，以“批”为单位进行材料性能检验，材料性能应符合本规范第 8.2 节的要求。

8.5.2 雾封层施工过程质量控制要求应符合表 8.5.2 的规定。

表 8.5.2 雾封层施工过程质量控制要求

检查项目		检验频率	质量要求或允许偏差	检验方法
外观		随时	表面应均匀一致，无流淌、露白、条痕、泛油、油斑等现象；侧缘及纵向接缝处应顺直、美观，无多洒、漏洒	目测
渗水系数（mL/min）		5 个点/km	≤10	T 0971
抗滑性能	摆值	5 个点/km	符合设计要求	T 0964
	构造深度	5 个点/km		T 0961
宽度（mm）		5 个点/km	±30	钢卷尺法

9 碎石封层和纤维封层

9.1 一般规定

9.1.1 碎石封层施工时的环境温度宜高于10℃，应在路表干燥状态下施工。

条文说明

碎石封层胶结料为乳化沥青时，路表可以潮湿但不能有积水。

9.1.2 按施工工艺不同，碎石封层可分为同步碎石封层和异步碎石封层。按集料粒径不同，碎石封层可分为砂粒式、细粒式和中粒式，对应的碎石规格最大粒径分别为5mm、10mm、15mm。

9.1.3 碎石封层应严格控制集料含泥量、针片状含量指标。

9.1.4 纤维封层的材料要求、设计、施工、施工质量控制等应符合现行《公路沥青路面养护技术规范》（JTG 5142）的有关规定。

9.2 材料

9.2.1 碎石封层宜采用乳化沥青或改性乳化沥青作为胶结料，可采用道路石油沥青、改性沥青、橡胶沥青等作为胶结料。纤维封层应采用改性乳化沥青作为胶结料。

9.2.2 胶结料技术要求应符合现行《公路沥青路面施工技术规范》（JTG F40）的有关规定。使用乳化沥青时，乳化沥青蒸发残留物含量应不小于60%，宜不小于62%；使用改性乳化沥青时，改性乳化沥青蒸发残留物含量应不小于62%，宜不小于65%。

9.2.3 碎石封层和纤维封层用集料应选择玄武岩、辉绿岩、石灰岩等岩石破碎而成，宜采用粒径3~5mm、5~8mm、7~10mm、9~12mm或12~15mm接近单一粒径集料。

9.2.4 碎石封层和纤维封层用集料技术要求应符合表9.2.4的规定。

表 9.2.4　碎石封层和纤维封层用集料技术要求

项　目	技术要求		试验方法
	二级及以上公路	三级及四级公路	
石料压碎值（%）	≤20	≤20	T 0316
洛杉矶磨耗损失（%）	≤28	≤30	T 0317
磨光值[a]	≥42	≥38	T 0321
表观相对密度	≥2.6	≥2.5	T 0304
吸水率（%）	≤2.0	≤3.0	T 0304
坚固性（%）	≤12	≤12	T 0314
针片状含量（%）	≤10	≤10	T 0312
水洗法 <0.075mm 颗粒含量（%）	≤1	≤1	T 0310
软石含量（%）	≤2	≤2	T 0320

注：[a] 当碎石封层和纤维封层用作路表磨耗层时，应满足磨光值要求；用于复合封层、封层罩面时，可不作要求。

9.2.5　碎石封层用集料可采用沥青拌和站进行沥青预裹覆或烘干除尘处理，预裹覆的沥青与碎石封层喷洒的沥青类型、标号可不同。

9.2.6　纤维封层用纤维应符合现行《沥青路面用纤维》（JT/T 533）的有关规定。

9.3　材料洒（撒）布率

9.3.1　应根据原路面状况、交通荷载等级、施工经验、施工季节等，并结合碎石粒径和施工层数，在表 9.3.1-1 和表 9.3.1-2 的范围内合理确定碎石撒布率和胶结料洒布率。

表 9.3.1-1　单层式碎石封层材料规格和用量

碎石规格（mm）		碎石用量（$m^3/1\,000m^2$）	（改性）乳化沥青用量（kg/m^2）	热（改性）沥青用量（kg/m^2）
砂粒式	3～5	4～7	1.2～1.5	—
细粒式	5～8	6～9	1.5～1.8	0.9～1.2
	7～10	8～11	1.8～2.1	1.1～1.4
中粒式	9～12	10～13	2.1～2.4	1.4～1.7
	12～15	13～16	2.4～2.7	1.7～2.0

注：具体用量应经现场试铺确定。

表 9.3.1-2　双层式碎石封层材料规格和用量

碎石规格（mm）		碎石用量（$m^3/1\,000m^2$）		（改性）乳化沥青用量（kg/m^2）		热（改性）沥青用量（kg/m^2）	
第一层	第二层	第一层	第二层	第一层	第二层	第一层	第二层
7～10	3～5	6～9	2～5	1.2～1.5	0.7～1.0	1.2～1.5	0.4～0.7

续表 9.3.1-2

碎石规格（mm）		碎石用量（$m^3/1\,000m^2$）		（改性）乳化沥青用量（kg/m^2）		热（改性）沥青用量（kg/m^2）	
第一层	第二层	第一层	第二层	第一层	第二层	第一层	第二层
9～12	5～8	9～12	4～7	1.5～1.8	1.0～1.3	1.5～1.8	0.7～1.0
12～15	7～10	12～15	6～9	1.8～2.1	1.3～1.6	1.8～2.0	1.0～1.3

注：具体用量应经现场试铺确定。

9.4 施工准备

9.4.1 碎石封层施工应配备下列装备：

1 异步碎石封层应配备沥青洒布车、集料撒布车、不小于 16t 轮胎压路机、路面清扫车，以及其他辅助机具。

2 同步碎石封层应配备同步碎石封层机、不小于 16t 轮胎压路机、路面清扫车，以及其他辅助机具。

9.4.2 纤维封层应采用专用设备施工，专用设备应具备改性乳化沥青喷洒、纤维撒布、石料撒布及精确计量功能。

9.4.3 沥青和集料洒（撒）布装备应计量准确、洒（撒）布均匀，各类施工设备和机具应运转正常。沥青喷洒管高度应适宜，喷嘴与喷洒管夹角应调整至适宜位置，喷嘴应无堵塞，喷洒压力应正常，喷洒时宜有 2 个或 3 个喷嘴喷洒的材料同时覆盖同一点。

9.4.4 施工前应对沥青喷洒和石料撒布计量系统进行标定。沥青喷洒率标定可参照本规范第 8.3 节，石料撒布率标定可按下列步骤进行：

1 准备不少于 3 个形状规则的托盘或木板，测得其面积 S 和质量 M_1。

2 将托盘或木板放置到路面上，启动集料撒布车，按设定速度和撒布量驶过。

3 称取托盘或木板与其上石料的总质量 M_2。

4 按式（9.4.4）计算撒布率 S_r：

$$S_r = \frac{M_2 - M_1}{S} \tag{9.4.4}$$

5 计算撒布率的平均值作为最终测试结果。

9.4.5 碎石封层施工材料应满足下列要求：

1 热沥青胶结料应加热至规定的施工温度。

2 乳化沥青应均匀、稳定，无结块或沉淀、离析现象。

3 集料应干燥。

9.4.6 原路面局部病害应按设计完成处治。

9.4.7 施工前路面应清洁、干燥，无杂物、无污染、无积水。公路人工构造物、路缘石、标线等外露部分应作防污染遮盖。

9.4.8 施工前应做好交通组织、施工安全、施工人员安排等准备工作。

9.4.9 碎石封层和纤维封层施工应铺设试验段，长度不宜小于200m。可根据试验段情况对设计洒（撒）布率作适当调节，并确定施工工艺工序。

9.5 施工工艺

9.5.1 异步碎石封层施工应满足下列要求：

1 首先应按设定的洒布率喷洒胶结料，然后应立即撒布碎石。胶结料使用乳化沥青时，碎石撒布应在乳化沥青破乳之前完成。

2 胶结料喷洒应均匀；碎石撒布应厚度一致，不应露出胶结料，局部缺料或石料过多处，应人工适当找补或清除。

3 碎石撒布完成后，应尽快碾压。胶结料喷洒、碎石撒布、碾压各工序的间隔时间应尽量缩短。

9.5.2 同步碎石封层及纤维封层施工时，应注意观察胶结料喷洒是否存在条纹状洒布或泄漏的情况，发现问题应立即停止洒（撒）布，查找问题并解决。

9.5.3 材料洒（撒）布完成后，应及时用轮胎压路机碾压3~4遍。碾压速度不宜超过3km/h，每次碾压轮迹重叠约300mm。

9.5.4 碾压完成后，应留出充足时间封闭交通养生。

9.5.5 每天施工结束前，应采用适宜机具扫除路面上多余的集料。

9.5.6 应保证施工起点和终点位置的喷洒边缘整齐，宜在起点和终点位置预铺油毛毡。

9.5.7 双层或多层碎石封层时，每层均应按本规范第9.5.1~9.5.6条的要求施工。使用乳化沥青时，两层施工间隔宜不小于24h。

9.5.8 在开放交通初期的12h，宜设专人指挥交通或设置障碍物控制行车速度，车速宜不超过20km/h。

9.6 施工质量控制

9.6.1 碎石封层和纤维封层施工过程的材料质量控制要求应符合表9.6.1的规定。

表9.6.1 碎石封层和纤维封层施工过程材料质量控制要求

材料	检查项目	检验频率	质量要求或允许偏差	检验方法
胶结料	本规范第9.2.2条要求的检测项目	每批来料1次	符合设计要求	本规范规定的方法
集料	本规范第9.2.3条要求的检测项目			
纤维	JT/T 533的检测项目			

9.6.2 碎石封层施工过程质量控制要求应符合表9.6.2的规定。

表9.6.2 碎石封层和纤维封层施工过程质量控制要求

检查项目		检验频率	质量要求或允许偏差	检验方法
胶结料洒布量（kg/m^2）		每工作日每层洒布检查1次	设计值±0.2	T 0982
胶结料洒布温度（℃）		每车胶结料检查1次	设计洒布温度±10	温度计
集料撒布量（kg/m^2）		每工作日每层撒布检查1次	设计值±0.5	本规范第9.4.4条中测试方法
宽度（mm）	有侧石	每100m测1处	±30	钢卷尺
	无侧石		不小于设计值	

9.6.3 纤维封层施工过程质量控制要求除应符合表9.6.2的规定外，尚应符合现行《公路沥青路面养护技术规范》（JTG 5142）的有关规定。

10 微表处和稀浆封层

10.1 一般规定

10.1.1 微表处按矿料级配可分为 MS-2、MS-3 和 MS-4 三种类型；按性能可分为 A、B 两个等级，隧道道面、夜间施工及对性能有较高要求的路段宜采用 A 级微表处。

条文说明

与现行《公路沥青路面养护技术规范》（JTG 5142）、《微表处和稀浆封层技术指南》等相比，本条区分了 A 级和 B 级微表处，还增加了 MS-4 型级配。

10.1.2 稀浆封层按矿料级配可分为 ES-1、ES-2 和 ES-3 三种类型；按开放交通快慢可分为快开放交通型、慢开放交通型两个等级。

10.1.3 微表处和稀浆封层施工及养生期内的气温应高于 10℃。

10.1.4 微表处和稀浆封层不得在雨天施工，不得在过湿或积水的路面上施工。施工中遇雨或施工后混合料尚未成型遇雨时，应在雨后将无法正常成型的材料铲除。

10.1.5 微表处和稀浆封层用矿料可采用大粒径的块石、卵石经破碎而成，也可采用不同规格的粗集料、细集料、矿粉等掺配而成，应保证洁净、无黏土。

10.2 材料

10.2.1 微表处用改性乳化沥青技术要求应符合表 10.2.1 的规定。

表 10.2.1 微表处用改性乳化沥青技术要求

项　　目	技术要求		试验方法
	A 级微表处	B 级微表处	
粒子电荷	阳离子正电（+）	阳离子正电（+）	T 0653
0.6mm 筛上剩余量（%）	≤0.1	≤0.1	T 0652

续表 10.2.1

项目		技术要求		试验方法
		A 级微表处	B 级微表处	
黏度	恩格拉黏度 E_{25}	3～30	3～30	T 0622
	25℃赛波特黏度（s）	20～100	20～100	T 0623
储存稳定性[a]（%）	1d	≤1	≤1	T 0655
	5d	≤5	≤5	
蒸发残留物含量（%）		≥60	≥60	T 0651
蒸发残留物性质	25℃针入度（0.1mm）	40～100	40～100	T 0604
	软化点（℃）	≥57[b]	≥57[b]	T 0606
	5℃延度（cm）	≥60	≥20	T 0605
	溶解度（%）	≥97.5	≥97.5	T 0607
	黏韧性（N·m）	≥7	—	T 0624

注：[a]储存稳定性根据施工实际情况选择试验天数，通常采用5d，改性乳化沥青生产后能在第二天使用完时也可选用1d。个别情况下改性乳化沥青5d的储存稳定性难以满足要求，如经搅拌后能均匀一致且不影响正常使用，此时要求改性乳化沥青运至工地后应存放在附有循环或搅拌装置的储存罐内，并进行循环或搅拌，否则不得使用。

[b]南方炎热地区、重载交通公路及用于填补车辙时，改性乳化沥青蒸发残留物的软化点应不低于60℃。

条文说明

工程实践中，微表处用改性乳化沥青普遍采用 SBR 胶乳作为改性剂，表 10.2.1 中指标也是针对 SBR 改性乳化沥青提出的。B 级微表处用改性乳化沥青的技术要求与现行《公路沥青路面养护技术规范》（JTG 5142）保持一致，A 级微表处用改性乳化沥青的技术要求对软化点、黏韧性、5℃延度等指标提出了更高的要求。

10.2.2 稀浆封层用乳化沥青、改性乳化沥青的技术要求应符合表 10.2.2 的规定。

表 10.2.2 稀浆封层用乳化沥青和改性乳化沥青技术要求

项目		技术要求			试验方法
		改性乳化沥青	BC-1	BA-1	
1.18mm 筛上剩余量（%）		≤0.1	≤0.1	≤0.1	T 0652
电荷		正电（+）	正电（+）	负电（-）	T 0653
恩格拉黏度 E_{25}		3～30	2～30	2～30	T 0622
沥青标准黏度 $C_{25,3}$[a]（s）		—	10～60	10～60	T 0621
蒸发残留物含量（%）		≥60	≥55	≥55	T 0651
蒸发残留物性质	25℃针入度（0.1mm）	40～100	45～150	45～150	T 0604
	软化点（℃）	≥57	—	—	T 0606
	5℃延度（cm）	≥20	—	—	T 0605

续表 10.2.2

项目		技术要求			试验方法
		改性乳化沥青	BC-1	BA-1	
蒸发残留物性质	15℃延度（cm）	—	≥40	≥40	T 0605
	溶解度（%）	≥97.5	≥97.5	≥97.5	T 0607
储存稳定性[b]（%）	1d	≤1	≤1	≤1	T 0655
	5d	≤5	≤5	≤5	

注：[a]乳化沥青黏度和改性乳化沥青以恩格拉黏度为准，条件不具备时也可采用沥青标准黏度。

[b]储存稳定性根据施工实际情况选择试验天数，通常采用5d，乳化沥青和改性乳化沥青生产后能在第二天使用完时也可选用1d。个别情况下改性乳化沥青5d的储存稳定性难以满足要求，如果经搅拌后能均匀一致且不影响正常使用，此时要求改性乳化沥青运至工地后应存放在附有循环或搅拌装置的储存罐内，并进行循环或搅拌，否则不得使用。

条文说明

稀浆封层用乳化沥青BC-1、BA-1的技术要求与现行《公路沥青路面养护技术规范》（JTG 5142）保持一致。考虑到工程实际中经常遇到使用改性乳化沥青的稀浆封层，本条也对此作出了规定。

10.2.3 微表处和稀浆封层用粗集料、细集料、合成矿料的技术要求应符合表10.2.3的规定。

表10.2.3 微表处和稀浆封层用粗、细集料、合成矿料技术要求

材料	项目	技术要求			试验方法	备注
		A级微表处	B级微表处	稀浆封层[a]		
粗集料	压碎值（%）	≤26	≤26	≤28	T 0316	/
	洛杉矶磨耗损失（%）	≤25	≤25	≤30	T 0317	/
	磨光值（BPN）	≥42	≥42	—	T 0321	/
	坚固性（%）	≤12	≤12	—	T 0314	/
	针片状含量（%）	≤15	≤15	≤18	T 0312	/
细集料	坚固性（%）	≤12	≤12	—	T 0340	>0.3mm部分
合成矿料	砂当量（%）	≥65	≥65	≥50	T 0334	合成矿料中<4.75mm部分
	亚甲蓝值（g/kg）	≤2.5	—	—	T 0349	合成矿料中<2.36mm部分

注：[a]稀浆封层用于四级公路时，粗、细集料的质量要求可参照现行《公路沥青路面施工技术规范》（JTG F40）适当放宽。

10.2.4 根据工程需要，可添加能调节稀浆混合料拌和时间、破乳速度、开放交通时间等的添加剂，添加剂不得对微表处和稀浆封层路用性能产生负面影响。

10.2.5 微表处和稀浆封层用水不得含有有害的可溶性盐类、能引起化学反应的物质和其他污染物，宜采用可饮用水。

10.3 混合料设计

10.3.1 微表处矿料级配范围应符合表 10.3.1 的规定。

表 10.3.1 微表处矿料级配范围

级配类型	通过下列筛孔（mm）的质量百分率（%）									
	13.2	9.5	7.2	4.75	2.36	1.18	0.6	0.3	0.15	0.075
MS-2	100	100	100	90~100	65~90	45~70	30~50	18~30	10~21	7~12
MS-3	100	100	83~96	70~90	45~70	28~50	19~34	12~25	7~18	6~12
MS-4	100	88~100	72~90	60~80	40~60	28~45	19~34	14~25	8~17	4~8

注：1. 填料计入矿料级配。
2. 条件不具备的，可不对 7.2mm 筛孔通过率进行控制。

条文说明

MS-2、MS-3 的矿料级配范围在现行《公路沥青路面养护技术规范》（JTG 5142）基础上增加 7.2mm 通过率的要求，并规定条件不具备时可不对 7.2mm 筛孔通过率进行控制，除此之外均与现行《公路沥青路面养护技术规范》（JTG 5142）保持一致。一般情况下，交通量越大，越适宜粗的级配。本规范根据国内外工程经验，提出了更粗的 MS-4 型级配范围，多用于车辙填充。

10.3.2 稀浆封层矿料级配范围应符合表 10.3.2 的规定。

表 10.3.2 稀浆封层矿料级配范围

级配类型	通过下列筛孔（mm）的质量百分率（%）							
	9.5	4.75	2.36	1.18	0.6	0.3	0.15	0.075
ES-1	—	100	90~100	65~90	40~65	25~42	15~30	10~20
ES-2	100	90~100	65~90	45~70	30~50	18~30	10~21	5~15
ES-3	100	70~90	45~70	28~50	19~34	12~25	7~18	5~15

注：填料计入矿料级配。

10.3.3 微表处混合料技术要求应符合表 10.3.3-1 的规定，稀浆封层混合料技术要求应符合 10.3.3-2 的规定。

表 10.3.3-1 微表处混合料技术要求

项　　目	技 术 要 求		试 验 方 法
	A 级微表处	B 级微表处	
可拌和时间（s）	90~180[a]	120~300（25℃）	T 0757

续表 10.3.3-1

项目		技术要求		试验方法
		A 级微表处	B 级微表处	
破乳时间[b]（min）		≤10	≤20	T 0753
黏聚力（N·m）	30min（初凝时间）	≥1.2，且初级成型	≥1.2	T 0754
	60min（开放交通时间）	≥2.0，且中度成型	≥2.0，且初级成型	
温度 25℃，湿度 70% 条件下养生 2h，养生初期磨耗损失（g/m^2）		≤800	—	本规范附录 B
负荷轮黏附砂量（g/m^2）		≤450	≤450	T 0755
湿轮磨耗值（g/m^2）	25℃浸水 1h	≤360	≤540	T 0752
	25℃浸水 6d	≤480	≤800	
轮辙变形试验的宽度变化率[c]（%）		≤5	≤5	T 0756
配伍性等级值[d]		≥11	≥11	T 0758

注：[a]可拌和时间应根据施工现场可能遇到的温度进行测试。

[b]破乳时间的测试应选用工程实际使用的集料（合成级配），否则应予注明。

[c]不用于车辙填充的微表处混合料可不要求轮辙变形试验。

[d]A 级微表处混合料应进行配伍性试验并满足配伍性等级值，B 级微表处混合料宜进行配伍性等级试验。

表 10.3.3-2　稀浆封层混合料技术要求

项目		技术要求		试验方法
		快开放交通型	慢开放交通型	
25℃可拌和时间（s）		≥120	≥180	T 0757
黏聚力试验（N·m）	30min（初凝时间）	≥1.2	—	T 0754
	60min（开放交通时间）	≥2.0[a]		
负荷车轮黏附砂量（g/m^2）		≤450[b]		T 0755
25℃浸水 1h 湿轮磨耗值（g/m^2）		≤800		T 0752

注：[a]试样至少为初级成型。

[b]用于轻交通荷载等级公路的罩面和下封层时，黏附砂量指标可不作要求。

10.3.4　应采用实际工程中所用各种材料，按下列步骤进行配合比设计：

1　应根据选择的级配类型，按表 10.3.1 或表 10.3.2 的级配范围确定各档料的掺配比例。

2　应根据经验初选 1～3 个（改性）乳化沥青配方，（改性）乳化沥青质量应符合表 10.2.1 或表 10.2.2 的技术要求。

3　应在合理的材料用量范围内依据经验配制混合料，进行拌和试验及黏聚力试验，A 级微表处还应进行养生初期磨耗损失试验（ICAT）。应根据试验结果选择 1～3 个合理的混合料初试配合比。

4　对初试配合比混合料进行混合料性能试验，试验结果应满足表 10.3.3-1 或表 10.3.3-2的要求。

5　当所有初试配合比混合料的性能都不符合要求时，应按第 1 ~ 4 款步骤重复试验。

6　应根据所选择的混合料初试配合比，以初试油石比为中值，按一定间隔（一般间隔为 0.3%）取 5 个油石比分别制备试样进行试验，将不同油石比的 1h 湿轮磨耗值及负荷轮黏附砂量绘制成如图 10.3.4 所示的关系曲线；以 1h 湿轮磨耗值接近表 10.3.3-1 中要求上限的油石比作为最小油石比 P_{bmin}，黏附砂量接近表 10.3.3-1 中要求上限的油石比为最大油石比 P_{bmax}，得出油石比的可选择范围 P_{bmin} ~ P_{bmax}。

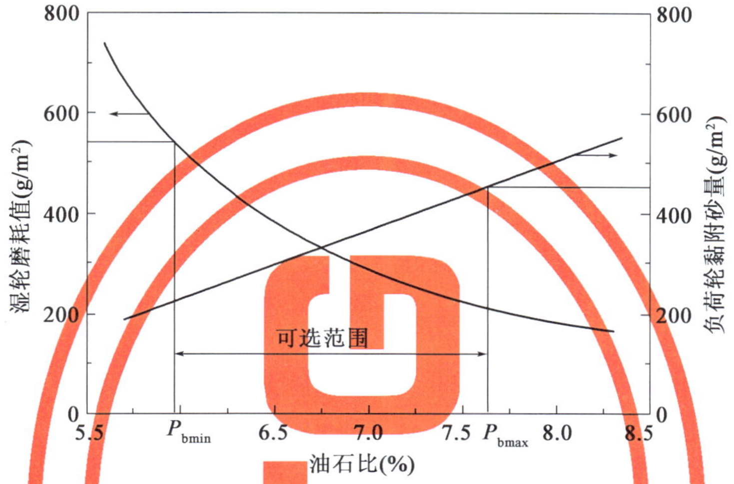

图 10.3.4　混合料湿轮磨耗值、负荷轮黏附砂量与油石比关系曲线

7　在油石比的可选范围内选择适宜的油石比，可将图 10.3.4 关系曲线中交叉点对应的油石比作为最佳油石比。微表处混合料在该油石比情况下的各项技术指标均应满足表 10.3.3-1 技术要求，不符合要求时应调整油石比重新试验。

10.4　施工准备

10.4.1　微表处施工应配备微表处摊铺车、装载机、乳化沥青储罐等施工设备以及其他辅助机具，进行车辙填充时还应配备 V 形车辙摊铺槽。稀浆封层施工应配备微表处摊铺车或稀浆封层摊铺车、装载机、乳化沥青储罐等施工设备以及其他辅助机具。各类施工设备和机具应运转正常。

10.4.2　微表处摊铺车的拌和箱应为大功率双轴强制搅拌式，摊铺槽应带有两排布料器，摊铺车应具有精确计量系统并可记录或显示矿料、乳化沥青等的用量。稀浆封层摊铺车的拌和箱宜为大功率双轴强制搅拌式，摊铺车应具有精确计量系统并可记录或显示矿料、乳化沥青等的用量。稀浆封层宜使用微表处摊铺车摊铺。

10.4.3　微表处和稀浆封层施工前，应对摊铺车计量系统进行标定。当原材料改变和配合比发生较大变化时，应对摊铺车计量系统重新进行标定。摊铺车计量系统标定的方法应按摊铺车使用说明进行。

10.4.4 应参照T 0331中细集料紧装密度的测试方法，以1%的含水率间隔检测矿料含水率在0～7%情况下的单位体积干矿料质量，得出矿料的“含水率-单位体积干矿料质量”关系曲线用于摊铺车计量系统设定。

10.4.5 应准备足够数量的材料，并按下列要求对材料进行检查：

1 应对施工用的（改性）乳化沥青、矿料、水、填料等进行质量检查，符合设计要求后方可使用。

2 粗集料中的超粒径颗粒应筛除。

3 应测定矿料含水率。

10.4.6 应铺筑长度不小于200m的试验段，应根据试验段情况在设计配合比基础上确定施工配合比，并确定施工工艺。通过试验段确定的生产配合比和施工工艺，经监理或业主认可后应作为正式施工依据，施工过程中不得随意更改。

10.4.7 生产配合比应满足下列要求：

1 生产配合比的油石比不应超出设计油石比±0.2%。

2 生产配合比的矿料级配以设计级配为基准，各筛孔通过率不应超出表10.4.7规定的允许波动范围，且不应超出表10.3.1或表10.3.2的级配范围上下限。

表10.4.7 微表处和稀浆封层矿料级配允许波动范围

筛孔（mm）	13.2	9.5	7.2	4.75	2.36	1.18	0.6	0.3	0.15	0.075
允许波动范围（%）	—	—	±4	±4	±4	±4	±4	±3	±3	±2

3 生产配合比的油石比或矿料级配的调整幅度超出上述规定时，应重新进行混合料配合比设计。

10.4.8 微表处和稀浆封层施工前，应按设计要求完成对原路面病害、热熔类标线等的处理。

10.5 施工工艺

10.5.1 微表处和稀浆封层应按下列步骤施工：

1 彻底清除原路面的泥土、杂物等。

2 施划导线，有路缘石、车道线等作为参照物的也可不施划导线。

3 如有喷洒黏层油要求的，启动喷洒车进行黏层油喷洒，并进行养生。

4 启动摊铺车，摊铺微表处或稀浆封层混合料。

5 手工修复局部施工缺陷。
6 初期养生。
7 开放交通。

10.5.2 宜根据设计要求的整幅施工宽度，综合考虑减少纵向接缝数量、将纵向接缝放在车道线附近等因素，合理确定单幅摊铺宽度。

10.5.3 摊铺车应保持匀速摊铺，摊铺速度应使摊铺槽中稀浆混合料体积保持在摊铺槽容积的1/2左右。

10.5.4 当摊铺车内任何一种材料即将用完时，应立即关闭所有材料的输送控制开关，待混合料全部送入摊铺槽、完成摊铺后，摊铺车应停止前进，提起摊铺槽，移至路侧清理。施工废弃物应收集并装入废料车，不得随意抛掷。

10.5.5 条件允许时，宜采用连续式摊铺车。

10.5.6 微表处和稀浆封层摊铺后可不碾压。用于硬路肩、停车场等缺少行车碾压的场合或为满足特殊需要，可使用6~10t轮胎压路机进行碾压。碾压时机应选择在微表处和稀浆封层混合料已破乳并初步成型之后。

10.5.7 微表处和稀浆封层混合料铺筑后，在开放交通前应严禁车辆和行人通行。当微表处和稀浆封层混合料满足开放交通的要求后，应尽快开放交通。

10.5.8 微表处用于车辙填充时，应调整摊铺厚度，使填充层横断面的中部隆起3~5mm。

10.6 施工质量控制

10.6.1 微表处和稀浆封层施工过程的材料质量控制要求应符合表10.6.1的规定。

表10.6.1 微表处施工过程材料质量控制要求

<table>
<tr><th>材料</th><th>检查项目</th><th>质量要求</th><th>检验频率</th></tr>
<tr><td>乳化沥青或改性乳化沥青</td><td>表10.2.1或表10.2.2要求的检测项目</td><td rowspan="3">符合设计要求</td><td rowspan="3">每批来料1次</td></tr>
<tr><td rowspan="3">矿料</td><td>砂当量</td></tr>
<tr><td>级配[a]</td></tr>
<tr><td>含水率</td><td>实测</td><td>每工作日1次</td></tr>
</table>

注：[a]矿料级配符合设计要求，是指实际级配不超出相应级配类型要求的各筛孔通过率的上下限，且以矿料设计级配为基准，实际级配中各筛孔通过率不得超过表10.4.7规定的允许波动范围。

10.6.2 微表处和稀浆封层施工过程质量控制要求应符合表10.6.2的规定。

表10.6.2 微表处和稀浆封层施工过程质量控制要求

检查项目	检验频率	质量要求或允许偏差		检验方法
		微表处	稀浆封层	
可拌和时间（s）	1次/工作日	符合设计要求	—	T 0757
稠度	1次/100m	适中[a]		经验法
油石比（%）	1次/工作日	满足生产配合比要求		三控检验法
矿料级配	1次/工作日	满足施工配合比的矿料级配要求[b]		摊铺过程中从矿料输送带末端接出集料进行筛分
外观	全线连续	表面平整、均匀，无离析，无划痕		目测
摊铺厚度（mm）	5个断面/km	设计值－10%		钢尺测量或其他有效手段，每幅中间及两侧各1点，取平均值作为检测结果
摊铺宽度（mm）	1处/100m	≥设计值		钢卷尺
接缝处高差（mm）	纵缝每100m测1处；横缝逐条检查，每条缝测1处	≤6		3m直尺、塞尺
浸水1h湿轮磨耗值（g/m^2）	1次/7个工作日	≤360（A级微表处） ≤540（B级微表处）	≤800	T 0752

注：[a] A级微表处可不采用经验法进行稠度检验。

[b] 矿料级配符合设计要求，是指实际级配不超出相应级配类型要求的各筛孔通过率的上下限，且以矿料设计级配为基准，实际级配中各筛孔通过率不得超过表10.4.7规定的允许波动范围。

11 薄层罩面和超薄罩面

11.1 一般规定

11.1.1 薄层罩面可使用与铺筑厚度相匹配的 SMA-10/13、AC-10/13、OGFC 型热拌沥青混合料或温拌沥青混合料，胶结料应根据使用场合选择采用高黏度改性沥青、高分子聚合物改性沥青、橡胶改性沥青或道路石油沥青。

条文说明

工程实践中，薄层罩面多采用 SMA、AC 型混合料，为实现排水、降噪效果多采用 OGFC 型混合料。《公路沥青路面养护技术规范》（JTG 5142—2019）中的薄层罩面还给出了 BPA 型混合料，为空隙率 10% ~15% 的骨架-空隙型级配，但该种类目前在工程实际中应用相对较少。

11.1.2 超薄罩面可使用与铺筑厚度相匹配的空隙型超薄罩面 UTO-5/10/13 型及密实型超薄罩面 UTOD-5、SMA-5/10、AC-5/10 型的热拌沥青混合料或温拌沥青混合料，胶结料应根据使用场合选择采用高黏度改性沥青、高分子聚合物改性沥青、橡胶改性沥青，黏层应采用 SBS 改性乳化沥青、高黏度改性乳化沥青或不黏轮改性乳化沥青。

11.1.3 薄层罩面和超薄罩面施工时的气温应分别高于 5℃ 和 10℃，且均不得在雨天、路面潮湿情况下施工。

11.1.4 薄层罩面和超薄罩面施工前应将路面清洁干净，不得有泥斑、油污等污染。

11.1.5 空隙型超薄罩面应采用同步施工工艺，密实型超薄罩面可采用同步施工工艺。

11.2 材料

11.2.1 道路石油沥青、SBS 改性沥青的技术要求应符合现行《公路沥青路面施工技术规范》（JTG F40）的规定。超薄罩面用 SBS 改性沥青、高黏改性沥青、橡胶改性沥青的技术要求还应分别符合表 11. 2. 1-1 、表 11. 2. 1-2 的规定。

表 11. 2. 1-1　超薄罩面用 SBS 改性沥青、高黏改性沥青技术要求

项　　目	技术要求		试验方法
	SBS 改性沥青	高黏改性沥青	
针入度（25℃，100g，5s）（0.1mm）	50～80	40～70	T 0604
延度（5℃，5cm/min）（cm）	≥30	≥40	T 0605
软化点（℃）	≥75	≥90	T 0606
135℃运动黏度（Pa·s）	1.0～3.0	—	T 0625，T 0619
165℃运动黏度（Pa·s）	—	≤3	T 0625，T 0619
60℃动力黏度（Pa·s）	—	≥200 000	T 0620
25℃黏韧性（N·m）	—	≥25	T 0624
25℃韧性（N·m）	—	≥20	T 0624
闪点（℃）	≥230		T 0611
溶解度（%）	≥99		T 0607
25℃弹性恢复（%）	≥85	≥95	T 0662
储存稳定性			
离析（48h 软化点差）[a]（℃）	≤2.5		T 0661
TFOT（或 RTFOT）后残留物			
质量变化（%）	-0.5～0.5	-1.0～1.0	T 0610 或 T 0609
25℃针入度比（%）	≥75	≥70	T 0604
5℃延度（cm）	≥20	≥25	T 0605

注：[a]采用干拌工艺时可不检测离析（48h 软化点差）指标。

表 11. 2. 1-2　超薄罩面用橡胶改性沥青技术要求

项　　目		技术要求	试验方法
25℃针入度（0.1mm）		30～60	T 0604
5℃延度（cm）		≥20	T 0605
软化点（℃）		≥75	T 0606
180℃运动黏度（Pa·s）		2～4	T 0625
离析（48h 软化点差）（℃）		≤5.0	T 0661
25℃弹性恢复（%）		≥75	T 0662
TFOT（或 RTFOT）后残留物	质量损失（%）	±0.5	T 0610 或 T 0609
	25℃针入度比（%）	≥65	T 0604
	5℃残留延度（cm）	≥5	T 0605

注：厚度 10～15mm 的超薄罩面，60℃动力黏度宜不小于 100 000Pa·s。

11. 2. 2　超薄罩面黏层用 SBS 改性乳化沥青、高黏度改性乳化沥青技术要求应符合表 11. 2. 2的规定，不黏轮改性乳化沥青应经试验验证并符合相关产品标准。

表 11.2.2 超薄罩面黏层用 SBS 改性乳化沥青、高黏度改性乳化沥青技术要求

项目		技术要求		试验方法
		SBS 改性乳化沥青	高黏改性乳化沥青	
破乳速度		快裂	快裂	T 0658
粒子电荷		阳离子（+）		T 0653
筛上剩余量（1.18mm）（%）		≤0.1		T 0652
黏度	恩格拉黏度 E_{25}	1～15	—	T 0622
	沥青标准黏度 $C_{25,3}$（s）	—	12～60	T 0621
蒸发残留物性能试验	含量（%）	≥62	≥65	T 0651
	针入度（100g，25℃，5s）（0.1mm）	50～150	40～60	T 0604
	软化点（℃）	≥55	≥70	T 0606
	5℃延度（cm）	≥20		T 0605
	溶解度（三氯乙烯）（%）	≥97.5		T 0607
	25℃弹性恢复（%）	≥60	≥85	T 0662
储存稳定性（%）	1d	≤1		T 0655
	5d	≤5		T 0655
与矿料的黏附性	裹覆面积	≥2/3		T 0654

11.2.3 粗集料、细集料和填料技术要求应符合现行《公路沥青路面施工技术规范》（JTG F40）的有关规定，并满足下列要求：

1 粗集料宜采用质地坚硬、表面粗糙、形状接近立方体的玄武岩或辉绿岩等硬质石料加工而成，应具有良好的耐磨耗与磨光性能。

2 细集料宜采用石灰岩或岩浆岩中的强基性岩石经制砂机破碎得到的机制砂，应与沥青有良好的黏结能力。

3 填料宜采用石灰岩或岩浆岩中的强基性岩石经磨细得到的矿粉，应洁净、干燥。

11.3 混合料设计

11.3.1 采用薄层罩面时，SMA、AC、OGFC 型混合料的矿料级配范围应符合现行《公路沥青路面施工技术规范》（JTG F40）的有关规定。

11.3.2 采用超薄罩面时，空隙型超薄罩面 UTO-5、UTO-10 和 UTO-13 型混合料矿料级配范围宜符合表 11.3.2-1 的规定，密实型超薄罩面 UTOD-5、SMA-5 和 AC-5 型混合料矿料级配范围宜符合表 11.3.2-2 的规定。

表 11.3.2-1 空隙型超薄罩面混合料矿料级配范围

级配类型	通过下列筛孔（mm）的质量百分率（%）									
	16	13.2	9.5	4.75	2.36	1.18	0.6	0.3	0.15	0.075
UTO-13	100	80～100	60～80	25～40	20～30	13～20	8～14	6～11	4～9	4～7
UTO-10	—	100	90～100	30～45	22～32	14～25	9～15	7～12	5～10	4～7
UTO-5	—	—	100	40～55	25～35	15～25	10～18	8～13	5～11	4～7

表 11.3.2-2 密实型超薄罩面混合料矿料级配范围

级配类型	通过下列筛孔（mm）的质量百分率（%）							
	9.5	4.75	2.36	1.18	0.6	0.3	0.15	0.075
UTOD-5	100	85～100	25～53	15～34	10～24	8～16	5～11	4～8
SMA-5	100	90～100	35～65	22～36	18～28	15～22	13～18	9～15
AC-5	100	90～100	50～70	35～55	20～40	12～28	7～18	5～9

条文说明

本规范推荐的空隙型超薄罩面 UTO-5、UTO-10、UTO-13 级配范围是在国外同步超薄罩面级配基础上，结合北京、辽宁和广东等地工程经验制定的。密实型超薄罩面 UTOD-5 级配范围是在总结上海、辽宁、浙江、广东等多个工程案例的基础上制定的。SMA-5 和 AC-5 级配引用了《公路沥青路面养护技术规范》（JTG 5142—2019）中推荐的级配范围。

11.3.3 沥青混合料配合比设计宜通过目标配合比、生产配合比和试拌试铺验证三个阶段，确定其矿料级配及最佳沥青用量。UTO、UTOD 矿料级配类型的沥青混合料应按表 11.3.3 的规定进行性能试验验证，其他矿料级配类型的沥青混合料应按现行《公路沥青路面施工技术规范》（JTG F40）的有关规定进行性能验证。

表 11.3.3 UTO 型沥青混合料技术要求

项目		技术要求	试验方法
双面击实次数（次）		75	T 0702
试件尺寸（mm×mm）		ϕ101.6×63.5	T 0702
空隙率 VV（%）	UTO-5/10/13	10～18	T 0708
	UTOD-5	3～5	T 0705
矿料间隙率 VMA（%）	UTO-5/10/13	≥18	T 0709
	UTOD-5	15～18	
沥青饱和度 VFA（%）		20～50	T 0709
稳定度（kN）		≥6.0	T 0709
残留稳定度（%）		≥85	T 0709

续表 11.3.3

项　　目	技 术 要 求	试 验 方 法
冻融劈裂强度比（%）	≥80	T 0729
车辙试验动稳定度（次/mm）	≥2 500	T 0719
沥青析漏试验的胶结料损失（%）	≤0.1	T 0732
20℃飞散试验的沥青混合料损失（%）	≤15	T 0733
油膜厚度（μm）	≥9	—

11.4　施工准备

11.4.1　施工应配备下列装备：

1　同步施工时，应配备同步摊铺机、压路机以及其他辅助设备或机具。

2　异步施工时，应配备摊铺机、压路机、沥青洒布车以及其他辅助设备或机具。

11.4.2　同步摊铺机应能同步实施乳化沥青喷洒、混合料摊铺及熨平，乳化沥青喷洒与混合料摊铺时间间隔不应超过 5s。

11.4.3　各类施工设备和机具应运转正常，沥青喷洒计量系统应进行标定。

11.4.4　应按生产配合比进行试拌并铺筑试验段，试验段长度不宜小于 200m。通过试验段确定的标准配合比和施工工艺，经监理或业主认可后作为正式施工依据，施工过程中不得随意更改。

11.4.5　薄层罩面和超薄罩面施工前，应按设计要求完成对原路面病害、热熔类标线等的处理。

11.4.6　施工准备的其他事宜应符合现行《公路沥青路面施工技术规范》（JTG F40）的规定。

11.5　施工工艺

11.5.1　薄层罩面和异步施工超薄罩面的施工工艺应符合现行《公路沥青路面施工技术规范》（JTG F40）的规定。

11.5.2　同步施工的空隙型超薄罩面的施工工艺除应符合现行《公路沥青路面施工技术规范》（JTG F40）的规定外，还应符合下列规定：

1 间歇式拌和机每盘的生产周期应适当延长 5 ~ 10s，沥青混合料的储存时间不宜超过 6h。

2 黏层改性乳化沥青喷洒温度宜为 60 ~ 80℃。

3 应使用 11 ~ 13t 双钢轮压路机静压 2 ~ 3 遍，不得使用轮胎压路机。

4 碾压终了温度应不低于 90℃。

5 纵向接缝宜位于标线附近。

11.6 施工质量控制

11.6.1 薄层罩面和超薄罩面施工过程的材料质量控制应符合表 11.6.1 的规定。

表 11.6.1 薄层罩面和超薄罩面施工过程材料质量控制要求

材料	检查项目	质量要求	检验频率
SBS 改性沥青、高黏度改性沥青	表 11.2.1-1 要求的检测项目	符合设计要求	每批来料 1 次
橡胶改性沥青	表 11.2.1-2 要求的检测项目		
高黏度改性乳化沥青	表 11.2.2 要求的检测项目		
高分子聚合物改性沥青、道路石油沥青	现行 JTG F40 规定的检测项目		
粗集料、细集料和填料	现行 JTG F40 规定的检测项目		

11.6.2 薄层罩面和超薄罩面用沥青混合料的检验频率和质量要求应按现行《公路沥青路面施工技术规范》（JTG F40）的规定执行。

11.6.3 薄层罩面施工过程质量控制要求应符合表 11.6.3 的规定。

表 11.6.3 薄层罩面施工过程质量控制要求

检查项目	检验频率	质量要求或允许偏差		检验方法
		高速公路及一级公路	其他等级公路	
压实度[a]（%）	每 1 500m²测 1 处	≥试验室标准密度的 96%（98% *） ≥最大理论密度的 92%（94% *） ≥试验段密度的 98%（99% *）		T 0924、T 0922 及现行 JTG F40 有关规定

续表 11.6.3

检查项目		检验频率	质量要求或允许偏差		检验方法
			高速公路及一级公路	其他等级公路	
厚度均值（mm）		5个断面/km，每个断面测3点	不小于设计值		T 0912
平整度	σ（mm）	连续检测	≤1.5	≤2.5	T 0932 或 T 0934
	IRI（m/km）		≤2.5	≤4.2	
渗水系数（mL/min）		5个点/km	符合设计要求		T 0971
宽度（mm）		5个点/km	不小于设计值		钢卷尺法

注：[a]高速公路、一级公路的压实度应选用2个标准评定，以合格率低的作为评定结果；其他等级公路的压实度选用1个标准进行评定。

* 指SMA路面。

11.6.4 超薄罩面施工过程质量控制要求应符合表11.6.4的规定。

表11.6.4 超薄罩面施工过程质量控制要求

检查项目		检验频率	质量要求或允许偏差		检验方法
			高速公路及一级公路	其他等级公路	
厚度均值（cm）		5个断面/km，每个断面测3点	不小于设计值		T 0912
平整度	σ（mm）	连续检测	≤1.5	≤2.5	T 0932 或 T 0934
	IRI（m/km）		≤2.5	≤4.2	
渗水系数（mL/min）		5个点/km	符合设计要求		T 0971
宽度（mm）		5个点/km	不小于设计值		钢卷尺法

12 封层罩面

12.1 一般规定

12.1.1 封层罩面涉及的碎石封层、薄层罩面、超薄罩面等的施工环境及温度要求应符合本规范第9.1节、第11.1节的规定。

12.1.2 碎石封层施工完毕后宜及时进行碾压，并应在罩面或封层前对多余的碎石进行回收。

12.2 材料

12.2.1 碎石封层用胶结料和集料等原材料的技术要求应符合本规范第9.2节的有关规定，集料的技术要求经论证可适当放宽。

12.2.2 薄层罩面、超薄罩面用胶结料和集料等原材料的技术要求应符合本规范第11.2节的有关规定。

12.3 材料洒（撒）布率及混合料设计

12.3.1 碎石封层材料洒（撒）布率宜在本规范第9.3节有关规定的基础上，按70%~90%的满铺率进行设计。

12.3.2 薄层罩面、超薄罩面混合料设计要求应符合本规范第11.3节的有关规定。

12.4 施工准备

12.4.1 碎石封层的施工准备应符合本规范第9.4节的有关规定。

12.4.2 薄层罩面、超薄罩面的施工准备应符合本规范第11.4节的有关规定。

12.5 施工工艺

12.5.1 碎石封层的施工工艺应符合本规范第9.5节的有关规定。

12.5.2 碎石封层施工后应做好保护，在薄层罩面或超薄罩面施工前不得开放交通，多余或松散的碎石应采用清扫、吸除等方式清除。

12.5.3 薄层罩面、超薄罩面的施工工艺应符合本规范第11.5节的有关规定。

12.6 施工质量控制

12.6.1 碎石封层的施工质量控制要求应符合本规范第9.6节的有关规定。

12.6.2 薄层罩面、超薄罩面的施工质量控制要求应符合本规范第11.6节的有关规定。

13 预防养护后评估

13.0.1 宜建立沥青路面预防养护后评估机制，可根据需要通过后评估实现下列全部或部分目标：

1 总结预防养护技术的效果，形成符合实际的路面养护技术清单。

2 总结形成路面病害产生的完整证据链。

3 修正路面预防养护决策方法。

4 建立符合实际的路况衰变模型，确定预防养护技术预期寿命。

5 编制符合实际需要的路面预防养护技术指南。

13.0.2 预防养护后评估应开展下列工作：

1 定期检查路面外观质量。

2 定期对实施预防养护后的路面进行路面技术状况检测。

3 进行预防养护的养护效果分析、经济性分析。

4 总结预防养护决策、设计、施工的经验。

13.0.3 预防养护效果达标指数 RS 大于或等于 1 时，预防养护效果达标；RS 小于 1 时，预防养护效果不达标。RS 应采用式（13.0.3）计算：

$$\mathrm{RS} = \frac{L_r}{L_e} \tag{13.0.3}$$

式中：RS——预防养护效果达标指数；

L_r——预防养护实际使用年限，以路面技术状况重新回到实施预防养护前水平所经历的时间计，路面技术状况指标一般可采用 PCI；

L_e——预防养护设计年限，设计未要求时可在表 13.0.3 所示范围内取值。

表 13.0.3 预防养护设计年限

类 型	设计年限通常范围（年）
灌缝/贴缝	1～3
雾封层	1～2
碎石封层	2～3
稀浆封层	2～3

续表 13.0.3

类　型		设计年限通常范围（年）
微表处		2～3
复合封层		3～4
薄层罩面		4～6
超薄罩面		3～4
封层罩面		5～8
就地热再生	复拌再生	2～3
	加铺再生	2～4

注：交通荷载等级高时宜靠下限取值，交通荷载等级低时宜靠上限取值。

13.0.4　应根据预防养护效果分析，形成后评估报告。预防养护效果不达标的，应分析原因和影响因素，提出对策建议。

附录 A　养护效益费用分析方法

A.1　计算当量平均年度费用

A.1.1　应根据养护工程定额和工程实际情况，确定养护方案的费用。

A.1.2　进行全寿命周期养护效益费用分析时，分析期可选择路面新改建到大中修或两次大中修之间的时间［0，X_{ej}］。

A.1.3　应针对不同养护方案确定分析期内各项养护费用，包括养护工程费用和日常养护费用。

A.1.4　应按式（A.1.4）计算分析期内发生的各项养护费用的总现值：

$$\mathrm{PW}_j = \sum C_i (1+d)^{-t} \tag{A.1.4}$$

式中：PW_j——第 j 个养护方案各项费用的总现值；

C_i——未来 t 时间发生的费用；

d——贴现率；

t——发生费用的时间（年）。

A.1.5　应按式（A.1.5）计算分析期末的路面残值：

$$\mathrm{SV} = \left(1 - \frac{L_\mathrm{A}}{L_\mathrm{E}}\right) C_\mathrm{r} \tag{A.1.5}$$

式中：SV——路面残值；

L_A——最后一次实施养护工程年份至分析期末的年数；

L_E——最后一次养护方案的预期使用寿命；

C_r——最后一次养护方案的费用。

A.1.6　应按式（A.1.6）计算分析期内各项费用的当量平均年度费用 EUAC：

$$\mathrm{EUAC}_j = \left[\mathrm{PW}_j - \mathrm{SV}\ (1+d)^{-n_j}\right] \frac{d\ (1+d)^{n_j}}{(1+d)^{n_j} - 1} \tag{A.1.6}$$

式中：EUAC_j——第 j 个养护方案的当量平均年度费用；

n_j——第 j 个养护方案费用分析期的长度，$n_j = X_{ej}$。

A.1.7 必要时还应考虑分析期内的车辆运营费用、行程时间费用、交通事故费用等公路使用者费用。

A.2 计算养护效益

A.2.1 应根据养护工程经验和具体的路面条件，确定路面技术状况指数 PCI、RQI、SRI、RDI 衰变方程，绘制路面性能变化曲线，计算路面性能曲线下面积。

A.2.2 应按式（A.2.2）计算 PCI、RQI、SRI 的标准化效益 $SB_j(PCI)$、$SB_j(RQI)$、$SB_j(SRI)$、$SB_j(RDI)$：

$$SB_j(MMI)=\frac{A_j(MMI)}{A_0(MMI)} \tag{A.2.2}$$

式中：$A_j(MMI)$——第 j 个养护方案分析期内 PCI、RQI、SRI、RDI 曲线增加的面积；

$A_0(MMI)$——未采取养护措施的分析期内 PCI、RQI、SRI、RDI 曲线下的面积。

A.2.3 应以路面养护效益指数（Pavement Benefit Index，PBI）表征养护效益，按式（A.2.3）计算：

$$PBI_j=\gamma_1 SB_j(PCI)+\gamma_2 SB_j(RQI)+\gamma_3 SB_j(SRI)+\gamma_4 SB_j(RDI) \tag{A.2.3}$$

式中：PBI_j——养护方案 j 的路面养护效益指数；

$SB_j(PCI)$——PCI 的标准化效益；

$SB_j(RQI)$——RQI 的标准化效益；

$SB_j(SRI)$——SRI 的标准化效益；

$SB_j(RDI)$——RDI 的标准化效益；

γ_1、γ_2、γ_3、γ_4——PCI、RQI、SRI 和 RDI 的权重系数。

A.3 计算效益费用比

A.3.1 应按式（A.3.1）计算养护方案的效益费用比（Benefit Cost Ratio，BCR）：

$$BCR_j=\frac{PBI_j}{EUAC_j} \tag{A.3.1}$$

式中：BCR_j——第 j 个养护方案的效益费用比。

附录 B　微表处混合料养生初期磨耗损失试验

B.1　目的与适用范围

B.1.1　本方法适用于检测养生初期微表处稀浆混合料的成型能力。

B.2　仪具及材料

B.2.1　本试验需要下列仪具：

1　扫刷磨耗仪（图 B.2.1-1）由下列部分组成：

1）　磨耗头：磨耗头总质量（包括橡胶磨耗管）615g ± 15g，其固定装置可在轴套内垂直 16mm ± 4mm 范围内自由活动。磨耗头的转速为自转 140r/min ± 2r/min、公转 61r/min ± 1r/min。

2）　磨耗管：磨耗管为内径 19mm ± 1mm、壁厚 5.7mm ± 0.7mm、长度 127mm ± 1mm 的橡胶软管，磨耗管外层应为聚氯丁橡胶，中间需加筋。磨耗管外层橡胶硬度 60 ~ 70HA。

3）　试样托盘：试样托盘为平底金属圆盘，内径不小于 320mm、深度 50mm ± 5mm。试样托盘可以方便取下，并依靠夹具与升降平台固定。

图 B.1.2-1　扫刷磨耗仪

2　模板：模板为边长 360mm ± 1mm 的正方形塑料板，中间有以正方形中心为圆点、直径为 280mm ± 1mm 的圆孔，试模厚度为 13mm ± 0.5mm。

3　天平：量程为6 000g，感量不大于1g。

4　恒温恒湿试验箱（图B.2.1-2）：将温度控制在25℃ ±1℃，湿度控制在70% ±1%。

图B.1.2-2　恒温恒湿试验箱

5　刮板：有橡胶刮片，长度不小于300mm。

6　其他：拌锅和拌铲等。

B.3　方法与步骤

B.3.1　试样制备

1　将各档集料在105℃ ±5℃的烘箱中烘干至恒重，然后取出冷却备用。

2　将油毛毡圆片平铺在操作台上，再将模板居中放在平整的油毛毡圆片上。

3　在试样成型前，应将所需的矿料、填料、（改性）乳化沥青等放置在23℃ ±2℃环境中保温8h，各组分的配合比以通过拌和试验确定的矿料、填料、添加剂、（改性）乳化沥青和水的比例为准。

4　试样成型环境温度为23℃ ±2℃。首先称取总质量为1 500g ±1g的矿料放入拌锅，掺入填料拌匀，再加水拌匀，然后加入（改性）乳化沥青拌和，并将拌匀的稀浆混合料倒入试模中并迅速刮平。成型过程中加入（改性）乳化沥青后的拌和时间不超过30s；对快凝的稀浆混合料，从加入（改性）乳化沥青拌和至刮平的整个操作过程宜在45s内完成。

5　取走模板，并在30s内将试样放入恒温恒湿箱中，在温度25℃ ±1℃、湿度70% ±1%条件下养生，并准确记录养生时间。如果用于施工过程的质量控制时，养生条件为施工现场实际温度和湿度。

B.3.2　试验步骤

1　从恒温恒湿箱中取出混合料试件，称取油毛毡圆片及试件的合计质量m_a，准确至 1g。

2　把装有试件的试样托盘固定在扫刷磨耗仪升降平台上，提升平台并锁住，此时试件顶起磨耗头。

3　开动扫刷磨耗仪，使磨耗头转动 300s ± 2s 后停止。

注：每次试验后把磨耗头上的橡胶管转动一定角度，以获得一个新磨耗面（用过的面不得使用）或更换新的橡胶管。

4　降下平台，将试件从盛样盘中取出，用软毛扫刷仔细将试件上的松散料清理干净，且避免用力过大，损坏试件。

5　称取清理后试件与油毛毡的总质量 m_b。

B.4　计算

B.4.1　微表处混合料养生初期磨耗损失试验值 ICAL 应按式（B.4.1）计算：

$$\mathrm{ICAL}=\frac{m_a-m_b}{S} \tag{B.4.1}$$

式中：ICAL——混合料养生初期磨耗损失值（g/m^2）；

m_a——磨耗前的试件质量（g）；

m_b——磨耗后的试件质量（g）；

S——磨耗头胶管的磨耗面积（m^2）。

B.5　报告

B.5.1　报告应记录下列事项：

1　微表处混合料配合比；

2　试件的养生初期磨耗损失值。

本规范用词用语说明

1　本规范执行严格程度的用词，采用下列写法：

1）　表示很严格，非这样做不可的用词，正面词采用“必须”，反面词采用“严禁”；

2）　表示严格，在正常情况下均应这样做的用词，正面词采用“应”，反面词采用“不应”或“不得”；

3）　表示允许稍有选择，在条件许可时首先应这样做的用词，正面词采用“宜”，反面词采用“不宜”；

4）　表示有选择，在一定条件下可以这样做的用词，采用“可”。

2　引用标准的用语采用下列写法：

1）　在标准总则中表述与相关标准的关系时，采用“除应符合本规范的规定外，尚应符合国家和行业现行有关标准的规定”。

2）　在标准条文及其他规定中，当引用的标准为国家标准和行业标准时，应表述为“应符合现行《××××××》（×××）的有关规定”。

3）　当引用本标准中的其他规定时，表述为“应符合本规范第×章的有关规定”、“应符合本规范第×．×节的有关规定”、“应符合本规范第×．×．×条的有关规定”或“应按本规范第×．×．×条的有关规定执行”。